# 美育教学
# 方法论

李 睦 高登科 主编

Methodology

of

Aesthetic Education

Teaching

人民邮电出版社

北 京

**图书在版编目（CIP）数据**

美育教学方法论 / 李睦，高登科主编. -- 北京：
人民邮电出版社，2024.5
ISBN 978-7-115-62810-7

Ⅰ．①美… Ⅱ．①李… ②高… Ⅲ．①美育－教育研
究 Ⅳ．①G40-014

中国国家版本馆CIP数据核字（2023）第193799号

## 内 容 提 要

这是一本探讨美育教育重要性和实施方法的作品集。通过对美育的定义、内涵和特点的阐述，本书探讨了加强创新、提高质量、拓展方式等美育教学方法。本书指出美育不仅是一种艺术教育，更是一种全方位的教育。美育的目标是培养学生的审美素养、创新能力和人文精神，通过艺术教育、文化传承和社会实践等多种途径得以实现。本书结合实践列举的一些优秀的美育实践课程，让读者既可以深入学习如何进行美育学习，还可以参考实际案例来实践美育教学。

本书适用于学校艺术类专业教师、社会美育机构教师、艺术公共教育工作者及社会美育爱好者。

◆ 主　编　李　睦　高登科
　　责任编辑　许　菁
　　责任印制　周昇亮
◆ 人民邮电出版社出版发行　　北京市丰台区成寿寺路 11 号
　　邮编　100164　电子邮件　315@ptpress.com.cn
　　网址　https://www.ptpress.com.cn
　　北京捷迅佳彩印刷有限公司印刷
◆ 开本：690×970　1/16
　　印张：14.5　　　　　　　　2024 年 5 月第 1 版
　　字数：186 千字　　　　　　2025 年 9 月北京第 3 次印刷

定价：89.90 元
读者服务热线：(010)81055296　印装质量热线：(010)81055316
反盗版热线：(010)81055315

## 为方法思考

美育是贯穿教育始终的基本理念，它既有浸润的作用，又有贯穿的作用，缺少美育浸润和贯穿的教育，是否还能够被称为教育，想来已有广泛共识，因为它已经不是。但如何浸润、怎样贯穿，却始终是阻挡在我们的共识面前的一个极大障碍，以至于这个相当重要的共识只能长时间的停留在人们意识之中，而不是进入到社会现实里，它被束之高阁了。这是我们当今教育中存在的一个确确实实的遗憾，也是美育理念在事实上无法联系实际的原因。由于美育无法直接显现其自身的功利价值，所以它演化成虚无缥缈说辞的可能性也就与日俱增，形成了越是说美育重要，就越会感到美育的缺失；越是为美育感到骄傲，就越为美育煎熬的尴尬局面。美育，我们既无法看到，也无法摸到。

在过去的几年中，在清华美院的教室里，先后举办了多次"线上美育教学研讨活动"，我们很幸运地能循着这条线索去做相应的理论研究，并在此基础上尝试做出实践，摸索出具体且有效的教学方法。为此，我们结识了多位颇具情怀的教育学者，他们分属于文学、哲学、艺术、戏剧、设计、教育等不同的研究领域，他们从不同的角度解读对于美育的理解，也从不同的角度诉诸教学实践，并且收获了珍贵的心得。与此同时，我们也敞开心扉接纳他们的见解和思考，将他们在美育教学实践过程中获得的经验分享给更多的人。这些被包裹在文字中的实践经验，不仅独特生动，而且切实可行，既是实践之谈，也是经验之谈，更是理念之谈。这些基于实践而来的宝贵经验，始终是我们在教学研究中寻找的方法的有效参照。

希望我们所做的努力，能够激发更多教师参与教学方法研究的热情。

李睦

# 目录　Contents

实践篇

Practice Chapters

美育

教学

方法论

Basic
Chapters

# 高登科

清华大学艺术博物馆博士后，清华大学美术学院社会美育研究所副所长。主要研究中国艺术史、艺术与科学、美育理论与实践。2011年参与创办民艺杂志《蜗牛》，2015年至2017年策划北京国际设计周"民艺：转化的生机"系列论坛，编著《艺术作为一种职业》《青果京华：清华学派第四次学术研究展》《分身：元宇宙艺术的打开方式》等，于《装饰》《美术》《美术观察》《美术大观》《新美术》《艺术市场》《文化月刊》等杂志发表论文多篇。

# 01

Understanding
Aesthetic
Education

# 认识美育

本章主要对美育的基础知识进行讲解，重点就近代众位学者对美育发展做出的探讨、研究、观点等加以阐述，使大家了解中国美育从何处起源，经历了何种思想变迁才取得了今日的成就。希望大家能够从中汲取经验，并找到适合现代推行美育的道路和方法。

思维
导图

The
Mind
Map

认识美育

| | | |
|---|---|---|
| **美术与美育** | 美术的概念 | |
| | 王国维"美术代宗教" | |
| | 蔡元培美育观念 | |
| **美育的概念** | | 1922年吕凤子《教育杂志》 |
| | | 1924年李石岑《李石岑论文集》 |
| | | 1930年蔡元培《教育大辞典》 |
| | | 1932年朱兆萃《教育学》 |
| | | 1934年初中语文教科书《美育与人生》 |
| | | 1943年李长之《苦雾集》 |
| **美育的范畴** | 1920年陆翔《现代新思想集》 | |
| | 1924年李石岑《李石岑论文集》 | |
| | 1925年雷家骏《艺术教育学》 | |
| | 1953年别林斯基《论教育》 | |
| | 1956年王逊《中国美术史》 | |
| **美育的目标** | | 1919年《教育学讲义》 |
| | | 1922年吕凤子《教育杂志》 |
| | | 1922年雷家骏《教育杂志》 |
| | | 1925年雷家骏《艺术教育学》 |
| | | 1926年王炽昌《教育学》 |
| **美育的实施** | 1919年《教育学讲义》 | |
| | 1920年周玲荪《美育》 | |
| | 1922年吕凤子《教育杂志》 | |
| | 1922年周和贵《学光》 | |
| | 1922年许士骐《家庭(上海1922)》 | |
| | 1926年王炽昌《教育学》 | |
| | 1929年徐公美《上海特别市教育局月刊》 | |
| | 1946年李开明《社会评论(长沙)》 | |
| **朱光潜的美育观** | | 人生的艺术化 |
| | | 为何要提倡美育 |
| | | 教育的目的 |
| | | 美育的作用 |

# 1.1

# 美术与美育

"美术"二字是从日文翻译过来的，早在19世纪后半叶，清朝人游历欧洲的笔记中就曾反复出现，不过当时"美术"的概念与如今的学科概念有较大的差异。王国维在1901年翻译日本学者立花铣三郎的《教育学》时，最早使用了"美术"这个词。

引文1

第三期之想象为至大至要之物，或现而为美术、为信仰，又使智力与感情结合，亦在此时期之想象力也。

王国维认为在帮助人走出精神世界的困境方面，宣扬宗教观念和开展美术教育是两个重要手段，但二者又有所不同。他所提出的"美术代宗教"观点认为建立宗教信仰比较困难，而开展美术教育是当时可以很快见效、用来解决人们精神空虚问题的方法，因此人们应该通过培养建筑、雕塑、绘画、音乐、文学等高尚爱好来满足自身的情感需求。

由此可见，20世纪初的美术包括建筑、雕塑、绘画、音乐，甚至还包括文学（戏剧、诗歌和小说）等，是一种综合的、整体的、象征的、超越现实的学术概念。

引文2

故禁鸦片之根本之道，除修明政治，大兴教育，以养成国民之知识及道德外，尤不可不于国民之感情加之意焉。其道安在？则宗教与美术二者是。

必使其闲暇之时心有所寄，而后能得以自遣……何则？吾人对于宗教之兴味，存于未来，而对于美术之兴味，存于现在。

"美育"二字则是蔡元培用德文"Ästhetische Erziehung"翻译过来的。1901年，蔡元培在《哲学总论》中首次提及"美育"二字。

引文3

教育学中，智育者教智力之应用，德育者教道德之应用，美育者教情感之应用是也。

美术与美育的概念最初被学术界广泛应用时，界定并不清晰，众多文献中都有混淆、交替使用的现象，直到20世纪30年代，美术概念已经基本对应建筑、雕塑、绘画等具体学科，而美育则被认为是以陶冶情操为目的的美学教育，即审美教育，其在很大程度上替代了美术原来的概念。

对于美育的认知，王国维和蔡元培都受到了德国哲学家席勒的影响，席勒将审美纯粹化、抽象化了，达到了某种超越现实的理想化境界，认为审美隐含了信仰和价值判断的属性，这在他的著作《审美教育书简》中有相关论述。

引文4

审美应该是激发性格潜力的，如果某种美是促人疲软的，就是一种危险的情感。

从感觉的被动状态到思维和意愿的主动状态的转移，只能通过审美自由的中间状态来完成。

王国维在讨论美育时其实并没有跳出"天人合一"观念，并在论述美育时掺杂了很多固有的传统观念，比如他引用了很多孔子的言论，并追封孔子为美育先行者，这在某种程度上是借助思想教化的力量倡导美育，促进社会进步。

蔡元培虽然认可"美术代宗教"的观点，但当时的学校仅设有绘画等美术科目，缺乏美感教育等课程。为将美感教育从流于形式的美术教育中抽离出来，推行美育是最好的解决方案，因此不管是"美术代宗教"，还是"美育代宗教"，强调的都是美感教育在情感教育中的重要性，这种精神上的人文关怀正是王国维、蔡元培等学者对于美育观念的底色。

**本节思考**

1　什么是美术？什么是美育？

2　"美术代宗教"或"美育代宗教"用意何在？

3　王国维的"美术代宗教"论述与蔡元培的美育观念之间有无相通之处？

# 1.2

# 美育的概念

美育的概念自提出到完善历经过多次变革和发展，其间多位学者根据当时的社会情况提出了适用于当下的美育概念，并逐步将"美育"与"美术"分离开来，使其越来越接近现代美育的定义，教育家吕凤子1922年在《教育杂志》中所述的概念较早、较明确且较为重要。

引文1

什么是美育？这以艺术为教育，不但使一般人由教养而得享艺术便算，并且还期望他们一概成为艺术家——最广义的艺术家。还有，这不但以艺术的创造启发生活的创造而已，并且要推广艺术的创造于一切方面，使一切生活都成艺术化。

"广义的艺术家"的观念扩展了艺术的边界，将一切美好的事物都纳入艺术范畴，而美育则是培养人对美的感知，不要求人人在艺术上有所建树，提倡人人都可成为"美感艺术家"。生活的艺术化就是将大部分人都以为高高在上的艺术纳入日常生活之中，让人们在生活中发现美、寻找美、创造美和推广美。

1924年，哲学家李石岑在《李石岑论文集》中对美育做出论述。

引文2

今请阐明美育之本义。美育之解释不一，然不离乎审美心之养成。进一步言之，即为美的情操之陶冶。情操有知的情操，意的情操，美的情操三者之别；然美育实摄是三者而陶冶之。

李石岑将美分为自然美、人类美和艺术美三种，认为是美的刺激产生了审美教育，而美育则具有启蒙思想和塑造人格的作用。他认为当代学者虽然对美育有着各种各样的观点，但其观点都离不开对于审美的培养，即对于审美情操的陶冶，且是对知、意、美三者共同的陶冶，这与蔡元培在1930年商务印书馆出版的《教育大辞典》中对美育的定义不谋而合。

引文3

美育者，应用美学之理论于教育，以陶养感情为目的者也。

1932年，教育家朱兆萃在所著《教育学》中指出：

引文4

美育者，是由于美的鉴赏与表现将情绪渐进于情操以纯化感情，且用锻炼手腕以进于技能之谓也。艺术是以美为目的，而道德则以善为目的，两者之间距虽有关涉，然如以艺术教育即人格陶冶，究为不通之论。

他认为美育是需要训练的，并指出艺术与道德虽然有所关联，却并非一类，两者的教育目的也不可混为一谈。这说明当时已经开始对美育的范围进行较为严肃的学术讨论，并试图将美育与其他领域的教育加以区分。

1934年，初中语文教科书中选入一篇《美育与人生》，其中指出：

引文5

　　人人都有感情，而并非都有伟大而高尚的行为，这由于感情推动力的薄弱。要转弱而为强，转薄而为厚，有待于陶养。陶养的工具为美的对象，陶养的作用叫作美育。

可见美育运动不止存在于学者、教育家之间，同时也在学校、社会上广泛开展。蔡元培认为美育是对当时教育界盛行的德育、智育、体育体系的补充，涵盖从公立胎教院、公共育婴院、幼稚园、小学到中学的普通教育、高等教育等各教育阶段，重点关注社会美育。

1943年，现代作家、时任教育部研究员的李长之在《苦雾集》中对美育进行了定义，并以古代美育为榜样论述了美育推行的必要条件，此时美育的概念已经十分规范和清晰，同时又与美育的源头——席勒的理论相呼应。

**本节
思考**

1　如何理解生活的艺术化？如何在日常生活中实现艺术化？

2　近代语文教科书中已出现关于美育的内容，如何在现代教学中将美育融入其他学科？

# 1.3

# 美育的范畴

很多人会觉得上节讲到的美育概念较为抽象，无法具体对应到我们日常的生活中。我们如果对于美育的范畴有所了解的话，便能将美育与生活相联系，将其应用于生活的方方面面。

1920年，思想家陆翔在《现代新思想集》中指出：

引文1

> 普通分美学为六种，即建筑、雕刻、绘画、音乐、剧、文，是也。专门家之美的观念及技术上之进步，能感化一般人，而增社会之美的要求。

由此可知当时的美育是包罗万象、非常理想化的，其涵盖面远远超过了美术所界定的学科范围，更接近于艺术的角度。此外，陆翔他还将每种分类都分为"术"与"学"两个方面，并将能在某一分类上取得一定成就的人称为"专门家"，重点讨论了对于"专门家"的认知和要求。

1924年，哲学家李石岑在《李石岑论文集》中将美育与其他教育类别进行了比较和划分：

引文2

> 美育与德育、智育、体育的区别。德育与美育，对立于相反之地位。德育为现实的，规范的；美育为直觉的，浪漫的。德育重外在的经验，美育重内在的经验。德育重群体之认识，美育重个体之认识。德育具凝滞阻碍的倾向，美育具活泼渗透的倾向。智育重客观的，美育重主观的。智育重普遍的，美育重个性的。智育重抽象的，美育重具体的。智育重思考的，美育重内观的。

李石岑重点对美育与德育、美育与智育的区别进行了说明和总结，这些观点直至现代也是非常适用的，如今各大、中、小学都在大力推行德育，国家也出台了相关的德育指南，但我国在美育方面仍有所欠缺，这为广大美育工作者和艺术教育工作者指明了需要关注和努力的方向——尽早实现美育在学校、家庭和社会的普及。

1925年，雷家骏在《艺术教育学》一书中沿用了蔡元培对于美育范围的分类。

引文3　　　　　　　艺术教育的范围包括家庭艺术教育、学校艺术教育以及社会艺术教育。

此处的艺术教育在当时即指美育。雷家骏对每个分类又进行了更细致的说明，其中家庭艺术教育主要包括环境、欣赏、创造和胎教；学校艺术教育主要包括设备、训育、课程、教法的艺术观，以及艺术学科、艺术相关学科、课外研究的大要；社会艺术教育主要包括专设的机构和地方的美化。他将美育的范畴进一步扩大，其观念虽然从理论上来说十分全面，但实施起来却非常困难，就我们当今的状况而言，美育正处于新时代发展的第一阶段，更多是以学校教育为主，以美术为核心抓手，协同其他学科共同完成对学生的审美教育。

1953年俄罗斯思想家别林斯基在《论教育》的"美育篇"中提出：

引文4　　　　　　　美学的感情是善良的基础，是道德的基础。外面表露出的文化教养不是像上层社会教育中所存在的那种掩饰了人的真正性质的假面具，而是从人的内在性质所流露出来的文化教养本身。

该观点使美育的范畴更接近学科化，揭示出美育必然与人的内在精神和自身审美观直接关联。在当下社会的教育中，存在一定比例的精致利己主义人群，他们常戴着掩饰其真正性质的假面具，而美育所推行的是在真、善基础上的美，是能够激发心灵向上的美，是从根源上杜绝"假面人"存在的美。

1956年，美术史学家王逊在《中国美术史》中对当时的美育思想进行了研究，将美育提升至与智育同等的地位，且认为美育是完成德育不可缺少的条件。

引文5

　　　　美育应该是和智育相辅而行，作为完成德育的准备。

## 本节思考

1　从近代至现代，美育的范畴发生了怎样的变化？

2　在所有关于美育范畴的论述中你最认同哪一种？为什么？

3　对于美育工作者来说，如何在学校更好地开展美育工作？

## 1.4

# 美育的目标

美育的目标是建立在其概念和范畴之上的，虽然其整体目标是教育界公认的，但不同学者在不同领域仍有所偏重，并表达了对美育目标的不同看法。

1919年，《教育学讲义》中如此阐述：

引文1

　　　　至于对道德有乐而为之之状态，始为人格陶冶之极致，亦即教育目的之终局。而欲达此目的，唯有美育之一法。

　　该观点表明美育具有塑造人格的作用，其根本性目标就是陶冶人的审美情操，间接达到使人养成高尚的趣味和具有美的创造力之目的，并将美育联系至国家的工商业发展，认为美育在促进国民经济生活发展方面也能做出一定贡献，这是美育所要承担的社会责任。

　　1922年，教育家吕凤子在《教育杂志》中对学校美育的实施做出了指导：

引文2

　　　　所谓美育呢，最简单概括地说，就是以艺术（此就广义而言，凡美的自然人事也包含在内）为教育，而期效果于艺术根本态度的贯彻人生。

　　他认为美是广义的艺术，实施美育的目的是将艺术态度融入人生之中，即人生的艺术化。他反对为了某种特定的目标去推行美育，认为美育既不能只为救济知识教育，也不能只为矫正道德偏失，更不能只为生活形式的优雅或工艺图案的改革等，而是要抛却功利性，为了人生的美和艺术而实施。吕凤子的论述较为抽象，或许不易理解，而雷家骏于同一本杂志中发表的对于新制小学美术课程教学的研究，观点更为直白，其中列出了5项目标，这些目标即便放到当代美育课程中依然具有指导意义。

引文3

　　　　本文的范围，专就现在新制小学校立论；先把要项列出来，再逐项加以说明：1.涵养趣味；2.陶冶美感；3.发展个性；4.养成创造力；5.训练手眼和脑力。

　　1925年，雷家骏在《艺术教育学》中提到美育的影响和艺术教育的目的：

引文4

美育普及艺术思潮、提高艺术价值、救济偏重知育、改进教学方法。普遍地实现了艺术的人生，这是实施艺术教育的唯一目的。

其中"普及艺术思潮"是指随着美育思想的教授和传播，整体社会对于艺术的认知也会更加普遍，工艺界的制造品日益精美便是例证；"提高艺术价值"是指在理知主义盛行时期，艺术科目饱受轻视，而在美育思想的影响下，这些科目会被重视，价值也会有所体现；"救济偏重知育"是指纠正重知育、轻美育的观念，将情操的陶冶和知识的启发置于平等地位，强调精神美的提升；"改进教学方法"是指许多教师在美育的影响下也会注重个人艺术修养，从而改善个人教育理念和教育方法。

雷家骏认为美育与艺术是不可分割的，美育是对艺术的教育，从艺术品的制作和鉴赏中又可辨认美育的方向，并根据已有艺术事实的启示和引导来实现艺术的人生态度，这也与清华大学美术学院建立之初"为人生而艺术"的理念不谋而合。

1926年，教育家王炽昌于《教育学》中对美育、实用和道德的关系进行了论述。

引文5

美育之要务，在使人有欣赏事物之能力，于以增进人生之意义及社会之乐利，其与实用及道德，固互有提携之功也。

他认为美育的目的在于提升人欣赏美好事物的能力，美育对人生和社会具有积极意义，与实用、道德为相辅相成的关系。他还反驳了当时流行的3种错误见解，一是认为美育不够实用，须知注重实用者大多从事创作行业，而美育能使人欣赏创作之美，这样创作者便不会枯燥烦闷，可见美育的实用价值；二是认为美育培养道德，属于训育的作用之一，但美育的作用并不止于培养道德，固不可混为一谈；三是认为美育只能在少数人群中实施，不适用于社会群体，殊不知大众之所以生活枯燥，正是因为美育普及不足，全社会实现艺术化才是美育真正的价值。

**本节
思考**

1 如何理解美育与艺术的关系？

2 美育对个人、群体、社会分别有什么样的影响？

3 作为美育工作者，在学校实施美育应树立怎样的目标？

# 1.5

## 美育的实施

对于如何实施美育，多位学者也从各个方面进行了论述，有的提出理论指导，有的提出具体实践做法，并对不同领域的美育进行了分门别类的研究，给出了切实可行、具有前瞻性的建议。

1919年，《教育学讲义》主要对美育在学校如何开展做出指导，尤其给学科之间的美育实施指明了方向：

引文1

美育之方法，则以直接观察实物为主。与陶冶美感有直接关系者，为图画、手工、唱歌等科。在德育与体育诸方面，亦与美育有密切关系。学校之设备装饰，于美育之关系尤重。

该讲义认为开展美育必须让学生直接观察美术物品，包括天然美和人工美两类物品。天然美即山水、鸟兽、草木、天文地理等自然现象，人工美即雕刻绘画等象形之美、音乐歌唱等声音之美、诗文舞蹈等言语动作之美。在学校的各类学科中，与美育直接相关的学科，如图画、手工、唱歌等除了需要达到固有目的之外，还要注意陶冶学生的美感认知；与美育非直接相关的学科，如语文、数学等，讲授美文及观察物品、标本、图画等也属于直接观察美术物品的方法，亦有启发美感的机会。德育则要求仪容服装端庄整齐、行为举止进退有礼等，也可以陶冶人的审美情操；体育会使身姿端正，产生形态之美和运动之美。这些都是在现实教学中激发美感，通达美育之路的方法。

　　1920年4月20日，中国第一种美育学术杂志《美育》出版。该杂志要公开发动一场"艺术教育的运动"，第三期刊发了一篇周玲荪的文章《新文化运动和美育》。该文章在参考其他学者观点的基础上，提出了6个推行美育运动的办法：

引文2

　　　　　　宜增设公立美术学校；宜设法奖励本土美术家；全国高等专业学校内，宜增设美术科，或于课外组织美术研究会；对于社会上的私立美术学校宜由公家酌量帮助；各地的美术家，宜结合团体，做强有力的美术运动；有志研究美育的学生，也当尽提倡美育的责任。

　　周玲荪的论述是从国家和社会的角度出发。从国家来说，当时全国只有北京一所公立美术学校，且经费紧张、成绩平平，必须在数量和质量上均有所提升方可取得美术上的发展；同时在其他高等学府大力开展美术课程和美术活动，并效仿英、法、日等国对于美术学科的重视，使政府每年开办全国美术展览，防止美术人才的流失。从社会来说，如私立美术学校经费紧张、规模狭小，地方上的经济实力雄厚者和教育家领袖应尽力辅助；各地的美术家可以通过发行报刊、组织演讲、设立研究会来使民众明白美育与人生的关系，还可以通过举办展览会、音乐会、舞会和创办戏曲社来引发民众对于美育的兴趣。

1922年，吕凤子在《教育杂志》中对如何实施学校美育进行了细致讨论。

　　教授上美育的训练、管理上美育的训练、齐务上美育的训练、课外组织上美育的训练、设备上美育的训练。

　　在教学上发挥美育的作用，如加入实物、图表来教授科学，或以颜色、声音等来说明动植物，使课堂不再枯燥无味，学生也不会兴趣缺乏；在管理上采用美育的方法，管理者不应以严词厉色和权势威严来折服学生，而应因势利导，以"好不好"代替"该不该""是不是"，从感情上与学生产生共鸣；在齐务上彰显美育的个性，并非所有宿舍都要整齐划一才具美感，白褥单虽可博得清洁无尘的评语，却不利于学生美感的培养；在课外组织上充实美育的训练，由于课内时间短且受规则所限，无法开展充分的美育训练，课外组织则能更自由地发展学生本能，因此越多越好，越丰富越好；在设备上考虑美育的效果，参考欧美国家对于学校建筑和设备的要求，考虑光线、色彩、搭配等要素，应用心理学和美学，使学生置身于更具美感的环境之中。

　　1922年，周和贵在《学光》杂志发表《美育的研究》，针对儿童的校内美育提出关于环境的建议，提倡教室、校舍等的布置都要尽和于美，运用美术的色彩，使学生在环境的熏陶之中受到潜移默化的影响，同时联系至社会层面，表明学校乃社会的一部分，因此社会美育也必须同时普及，方能取得成效。

　　美育之实施，在学校内应使儿童得着美的欣赏和创作的能力。对于社会上，亦应竭力提倡多著述关于通俗的美育的书籍报章，并开美术展览会等使社会有与美术接触的机会，以引起其赏美的观念而陶冶其美的生活。

1922年，许士骐在《家庭（上海1922）》杂志中对家庭美育提出论述，提醒民众在关注学校、社会美育的同时，也不可忽视家庭在美育中的重要地位。父母不可将美育一事完全交付给学校和社会，自身也要承担起相应的责任。

引文5

　　　　我的家庭美育观：1.家庭设备宜改良；2.宜摒除不良嗜好。

　　许士骐提出两点建议。其一是改良家庭设备，即改善家庭环境和布置。旧式家庭中贫苦者家庭环境多简陋且不加注意，富室宦家则四壁张满书画以彰显其富丽堂皇，这对于美育而言都是不可取的。家庭环境应从儿童观感出发，张贴一些制作精美、寓意通俗的教育画来培养儿童的审美观。其二是远离不良嗜好。须知家庭教育在儿童教育中占据极大比例，而父母的言行举止对于儿童的影响更是不言而喻。所谓上行下效，如若父母整日无所事事、喜好抽烟赌博，那么儿童耳濡目染，自然也会形成劣根性。因此，父母须培养高雅爱好，如可以借音乐陶冶性情、娱悦身心的做法，培养高雅爱好，使儿童每日生活于趣味之中。许士骐认为如若以家庭为中心开展美育，美化的家庭占据多数便能成就美化的社会，因此家庭美育十分重要。

　　1926年，王炽昌在《教育学》一书中重点讨论了实施美育时教育者的责任和方法。

引文6

　　　　所谓美育呢，最简单概括地说，就是以艺术（此就广义而言，凡美的自然人事也包含在内）为教育，而期效果于艺术根本态度的贯彻人生。

　　他认为，在学科方面，虽然开设图画、音乐、美学、美术史等科目有利于美育的推行，但其实美育不应受限于学科，有些学科也不适合在小学阶段开设，因此教师不可依赖于学科的增加，而是要根据儿童的表现和心理，在原有的学科中灵活运用美育的教授方法；不论是课上课下，还是校内校外，教师的性情、声音、姿态、行动都要注重美感，这些表现与正式教授美育内容所能达到的效果并无两样；在团体之中，如图画会、音乐会、文艺会、戏剧部、美术展览会等各种与美术相关的组织活动，教师应知道其对于美育的作用比课堂教育要大得多，要适当给予物质支持，并与学生共同举办、共同娱乐；在学校中，教育者要营造适合儿童天性的环境，以活泼愉快的风格被儿童所喜爱。

1929年，徐公美在《上海特别市教育局月刊》中对民众美育的实施步骤加以梳理：

引文7　　　　　　　　民众美育的实施:我以为实施的步骤，应该是1.调查，2.研究，3.编辑，4.训练，5.实施。

调查，即调查民众娱乐状况。以上海为例，娱乐类型有说书、弹词、申曲、苏滩、魔术、戏法、京戏、新剧、跳舞、电影、大鼓、口技等，根据调查所得进行分类统计和比较研究，对适用于美育的娱乐类型加以提倡，需要改良的则提出建议。研究，即研究民众美育实施方法。当时我国历经数十年新教育，而社会教育仍然不被关注且毫无系统，民众美育又是社会教育中最为落后的项目。想要进行研究，必须设立专门机构，招罗专门人才，做技术和理论研究，最终得出实施的方法。编辑，即编辑民众美育丛书。针对民众娱乐的类型，如京剧，可收集其剧本，进行整理编撰，使娱乐含有美的成分，顺应时代思潮，合乎民众美育需求。训练，即训练专门人才，由政府设立民众美育学校，培养实施民众美育的专门人才。只有有了这些人才，方能将纸面上的理论应用于实际之中。实施，即实施民众美育运动。可以举行大规模的运动推行民众美育，从而引起民众对于美育的注意和了解，并实现社会美育的发展；还可以由政府开设大规模的民众美育院，增加各种符合美育的娱乐项目，对所有民众开放。这5个步骤并不容易实施。或客观因素，或主观思想，都是推行美育道路上的阻碍，且不仅是过去，当代仍存在不进行调查和研究，直接开始编辑、训练和实施的做法，急于求成。这也是美育流于形式、偏离正途的重要原因之一。

最后，以1946年李开明在《社会评论（长沙）》中对儿童美育的建议作为本节结尾，希望各位美育教育者能够做到铭于心、践于行。

引文8

> 教授美术就希望孩子个个成画家，成艺术家，艺术的造就就没有这样容易的事，并且对孩子的兴趣，也不要过分强调。我们只有慢慢地引导启示，提起他们爱美的动机，去叩开他们的心灵。

## 本节思考

1　学校美育活动应如何展开？

2　家庭开展美育活动有哪些困难？应如何应对？

3　社会美育的对象是哪些人群？社会美育与学校美育、家庭美育有何关系？

# 1.6
# 朱光潜的美育观

朱光潜是现代著名美学家、教育家和翻译家，留学期间修习文学、心理学和哲学，归国后于1946年在北京大学教授美学与西方文学，他翻译了克罗齐的《美学原理》和黑格尔的《美学》，并著有《美学批判论文集》《朱光潜美学文集》《美学和中国美术史》《谈美》《西方美学史》《谈美书简》《美学拾穗集》等一系列美学相关书籍，被钱念孙推崇为"中国美学大厦的真正营造者"。

朱光潜不但大量翻译西方经典美学著作，架起中西方美学沟通的桥梁，使中国传统美学焕发出新的生命，同时也基于个人研究和近代先辈学者的论述，总结出适合中国美学的系统理论，使美学成为一门真正的学科，并得到长足的发展。其理论不但适用于过去，对于现代的影响也十分深远。

他在《谈美》一书中提到：

引文1

> 人生的艺术化。

该观点奠定了美学的基础。美与艺术都必须有人的参与，否则便无从产生。美和艺术都是情趣的表现，人生则是情趣的根源。

对于为何要提倡美育，朱光潜认为：

引文2

> 求知、想好、爱美，三者都是人类天性。人生来就有真善美的需要。真善美具备，人生才完美。

"求知、想好、爱美"对应人生的真、善、美，也就是智育、德育、美育三者。教育的作用便是将人"求知、想好、爱美"的天性发展至最大限度，从而使人获得完美的人生。"教育"一词在拉丁语中意为"启发"，即启发人性中固有的真、善、美，使其尽情生发，这与中国儒家"能尽人之性则能尽物之性，能尽物之性则可以赞天地之化育"中的"尽兴"思想不谋而合。

对于教育的目的，朱光潜认为：

引文3

> 教育必以发展全人为宗旨，德育、智育、美育、群育、体育五项应同时注重。

"全人"是朱光潜教育思想中十分重要的观点，在其多篇著作中均有提及。他认为理想的教育便是发展"全人"：只注重某一项教育培养出的是"畸形人"，是精神上的"跛子"；不能将教育狭义化为贩卖知识，如若教师上课只为教书，学生读书只为考试，那么只能教出一些许知识博得饭碗的人，而非真正领导社会的人才。"全人"追求的是天性中所有本能都得到均衡发展：切不可重视一部分天性而轻视另一部分天性，身心两方面都要兼顾发展；德育提升人的善良品格，智育充实人的头脑知识，美育丰富人的艺术情操，群育和谐人的社会关系，体育强健人的身形体格，五者缺一不可，如此才可能创造出完美的、艺术化的人生。

对于美育的作用，朱光潜认为：

引文4

　　　　多受些美感教育，就是多学会如何从自然限制中解放出来，由奴隶变成上帝，充分地感觉人的尊严。

人为何要追求美？这是人异于其他动物的表现之一，是超越于为了"活着"而进行的更高尚的活动。为了活着的活动是有所为而为，为了美感的活动则是无所为而为，是不受任何限制而自愿进行的活动。在追求美感的活动中，人的心灵是自由的。观及现代社会，有1%~3%的儿童患有不同程度的心理障碍，美育具有引导儿童疏解心灵、启发情感的作用，使其精神解放、内心充盈，最终达到培养"全人"的目的。

纵观朱光潜的系列观点，其既有与近代学者思想上的连贯性，也能在现代教育环境中产生共鸣，激起更多感触。望大家能够对其进行深入研究，学为己用。

## 本节思考

1　如何理解"人生的艺术化"？该观点与其他学者的理论是否有共通之处？

2　"全人"的培养在现代教育中是否仍然适用？

3　在朱光潜的理论中，教育的目的和美育的目的有何相同之处，又有何不同之处？

# 高登科说

I    不管是"美术代宗教",还是"美育代宗教",强调的都是美感教育在情感教育中的重要性。

II    美感教育注重精神上的人文关怀,这才是王国维、蔡元培等近代学者美育观念的底色。

III    艺术为人生。

IV    通识教育并不是各学科的叠加,而是学科互动基础之上贯穿各学科的知识、能力、判断。

V    抓住美育的核心目的,激发人的美感,使人获得完善的人格,获得情感的陶冶。

VI    教师应为实施美育的根据,非常重要。教师扮演导演的角色,选择合适的剧情、时间等;学生则是舞台上的主角。

VII    学校环境或应允许部分涂鸦存在,让学生们自主地美化校园。

VIII    美学是在学理层面上,美术是在专业的群体、学科概念里,美育是面向大众的、面向个体的,三者各有侧重点。

# 李　睦

清华大学美术学院长聘教授，博士生导师，社会美育研究所所长，清华大学吴冠中艺术研究中心副主任。（全国）高等美术教育学会秘书长。清华大学精品课、教育部网络公开课主讲人。长期从事绘画创作与专业教学，以及艺术通识教育研究，开设"艺术的启示""现代绘画理论与实践研究""艺术、哲学与科学"（合作）等课程。著有《创作与思考》《看见的不重要》《我们所不知晓的绘画》《艺术通识十六讲》《艺术的二十二个遐想》等学术著作及教材，主编《美育教师手册：理论、方法与实践》等。

# 02

实践美育

本章主要对美育的实践进行探讨。尤其是对于最为直接的艺术教育，根据作者多年从事艺术教育的经验，从教学实例中找寻将艺术理念转化到艺术教育中的方法与途径，希望能对广大教师在教学方法方面有所启发。

# 思维导图

The
Mind
Map

## 实践美育

**寻找学生的个性**

寻找无意识留下的"痕迹"
潜意识唤醒的"价值"
有意识追求的"表达"

**掌握教学的尺度**

让绘画成为一种"思维习惯"
"改变"既是过程也是目的
"不确定性"中暗示启示

**培养审美的能力**

判断自己作品的好坏
发现每个人都有的"绝技"
在无数作品中建立"自信"

**唤醒内在的潜力**

做能发现"差异性"的人
做能将"个性"融入"共性"的人
做能激发他人"主动创作"的人

**重视绘画的过程**

绘画是艺术家"洞察力"的体现
从"感性呈现"到"理性思考"
更接近艺术创作的绘画行为

**美育与实践通识课**

实例一　涂鸦
实例二　静物写生
实例三　形态研究

# 2.1

# 寻找学生的个性

如何定义艺术？如何定义艺术教育？这些是每个艺术教育工作者都无法回避的问题，但是给艺术下一个定义是至今还无法做到的事情，因为艺术是一个无法定义的领域。那么"艺术教育"是否能够定义呢？每个艺术教育工作者肯定都思考过这个问题，艺术教育是否有既定的规则、方式和方法呢？

下面以我在一次全国教师培训项目中的尝试为例进行初步探讨。

第一天，我要求参训教师完成50张速写。为了达到要求的作业量，教师们根本无暇顾及一些原有经验，如构图、色彩、造型等，只能全程不假思索地用直觉和本能去绘画。课后，我在教师们完成的大量作业中寻找个性基础上的共性，寻找和个性相关的个人特征，如色彩习惯、构图方式以及细节处理等，甚至包括惯用左手还是右手。这些都可归纳为他们的性格或个性。我告知他们这些个人表达特征，请他们第二天完成作业时注意这些特征。

第二天，我将课程作业减少一定数量，比如减少至40张，并且让教师们关注自己的特征。教师们在画画过程中开始思考并具有一定的针对性。我在课后讲评中重点分析了教师们进一步呈现出的个人特征。此时教师们的作品开始流露出个人风格，有的用力且浓墨重彩、有的典雅且轻松明快等。

第三天，我将课程作业量减到30张，并继续关注他们在前两天绘画中显现的特征，同样在课后对其作业进行讲评并分析其个人特征。

在随后接近一周的时间里，我将课程作业量逐步减少到20张、10张、5张、3张、1张。整个过程，可以让教师们在较短时间内找到或认识到自身存在的一些特征，以及把自己的特征，如思想、感受、认知等用绘画的形式表现出来。

这一训练方式是我深入思考后和教师们一起进行的一次尝试，它不仅对教师自身有所帮助，同时也能让教师运用这个方式进行教学，从而去帮助自己的学生，在很短的时间内找到学生身上的个人特征，引导学生在自身特征的基础上表达他们想要表达的追求。

这些个人特征，是学生通过绘画的方式，将内心世界转换为外在形式，借作品之手表达出来的，这也是绘画教育要肩负的使命。

Tips 1

上述列举的方法可以在较短的时间内发现个人特征，并帮助其进一步发展，从而达到表达和呈现内心世界的目的。

帮助学生找到自己的个人特征并使其呈现出来，形成自己的个人风格特色，是艺术教育工作者的天职。

**示例中，在整个教学周期的第一阶段，每名教师都是在一种不假思索的情况下完成了作业。在这个过程中，他们抛弃了以前所学的绘画知识和多年的绘画经验，于是他们的作业中呈现出了很多无意识的表现。这些无意识的表现所流露出来的特征完全属于他们自己，犹如心电图一般，是他们内心世界视觉化的痕迹。**

Tips 2

寻找无意识留下的"痕迹"，是经验丰富的教师帮助学生发掘个人特征的必经之路。在学生毫无察觉的情况下，教师作为引路人将其个人特征指出，能够使学生少走许多弯路。

**示例中，在整个教学周期的第二阶段，教师们由于快速大量地画画，慢慢会有沉浸于内心良久的价值被唤醒。例如他们会发现快速涂抹更容易传递感情，无意识绘画可以唤醒自己对空间、色彩和形态等问题的思考，尽管这些思考是画完以后才开始呈现的，而非绘画之前便构思好的，所以这些痕迹的自然流露，逐渐唤醒了他们对一些艺术和绘画领域的因素、概念和关系的思考，使其具有价值。**

Tips 3

潜意识唤醒的"价值"，是把内心世界原来有所忽略的因素激活，是对无意识绘画的进一步思考和剖析，在无意识基础上所展开的艺术活动。

　　示例中，在整个教学周期的第三阶段，也就是最终阶段，教师们由一种从直觉本能的感性表达和思维，变成了一种有意识的追求，实际就是完成了从感性思考到理性思考转换的过程。当作业量最后减少到5张、3张、1张的时候，他们已经非常明确自己的特征所在。那么他们的特征是不是就是他们的优点，他们的优点是不是就是他们的痕迹，他们的痕迹是不是就是他们的价值，他们的价值是不是就是他们的风格呢？

Tips 4　　　　　　　　有意识追求的"表达"，是将无意识的痕迹和潜意识的价值进行理性层面的归纳总结，之后有意识地将其扩展放大，最终形成具有辨识度的个人特征和风格。

　　在教学过程中，我们经常让学生完成相对而言很少的作业，比如一周或两周完成一张绘画，目的是要把每一张作业都画得完整和充分，让学生尽可能在完整的绘画练习过程中掌握各种绘画基本能力。这很重要，也是我们绘画教学的一个组成部分。

　　但是这么多年来，包括高校、中学，甚至小学，都在以一个相对传统、没有太大差别的教育方式去对待不同年龄和水平的学生，这种艺术教育所产生的效果，是不是能让大家都满意呢？尤其是学生对此是否满意呢？这就需要我们去反思和改变。

　　艺术教育本身是一种需要画很多画的教学，这次示例使用的虽然未必是一种最好的或最正确的方法，但至少是一种可以尝试的方法，希望各位老师在这一示例的基础上发挥自己的特长，进行更多、更广阔的教学探索，找到艺术教育有益于美育发展和完善的最终途径。

　　艺术教育是美育教育最好的执行手段。如果没有艺术教育，美育教育便只是空谈，无法落地。现阶段的美育教育不仅是对学生的教育，也是对教师的教育。教师不断完善自身的教学方式，在教育学生的同时考虑如何提高自己，这便是我们常说的"教学相长"，这也是促进美育教育的有效方式。教师与学生共同进步方能表现教育的多样性和包容性。

　　广大的艺术教育工作者在各自的教学领域都有着个人特征，这种个人特征来源于教师自身的艺术创作、艺术经验和艺术思考。与这些教师在一起欣赏名家作品或评判绘画技巧是完全没必要的，这也是对时间的浪费，而探讨如何在原有基础上进一步提高教学水准，进一步改善艺术教育则是当务之急。这样才能使艺术教育更加符合现状，让学生、教师、家长，以及学校、家庭、社会满意，特别是艺术教育帮助美育教育活动真正走入学校和学生、家长和家庭，以及更为广泛的范围。

**本节
思考**

1　如何在教学过程中找到学生的个性？

2　如何寻找无意识留下的"痕迹"？

3　如何看待潜意识唤醒的"价值"？

4　如何发扬有意识追求的"表达"？

5　怎么看待艺术教育与美育教育的关系？

# 2.2

## 掌握教学的尺度

　　"控制"和"失控"是教师和学生都要面对的问题。对于教师而言，在教学过程中，控制局面的同时要适度放松。对于学生而言，画面控制不好，画错了，就是一种失控。但在实际教学中，我们更多地考虑如何控制，却忽略了失控。其实二者是相辅相成的一对因素，没有失控就没有控制；没有控制，失控也无从谈起。因此，在艺术教学的过程中，教师要做的最实质的思考就是如何平衡二者的关系。

Tips 1

　　　　　让绘画成为一种"思维习惯"。艺术教育工作者需要帮助学生建立起"思维习惯"，让绘画成为一种"思维习惯"，思考如何在艺术实践与体验的过程中平衡"控制"和"失控"的关系。

　　在艺术实践体验过程中，对于控制和失控的思考就是一种思维习惯，教师要建立起这种思维习惯，同时也要引导学生建立起这种思维习惯。比如铺画面的大关系，如何细致地深入画面当中，如何塑造一个事物、表达一个人物，这种有目的、有秩序的表达，会让大家获得对于艺术最基本的理解和思维，并成为一种习惯。但这种习惯也可能会导致绝对的控制，从而出现一个不太好的结果——所有人都被训练成一个样，这样的艺术教育看起来有效果，却从起点上违背了美育教育的初衷和目的。

　　怎样才能改变绝对的控制？最有效的方式是从相反角度考虑。他们如何失控，如何放松？如何把紧和松调到一个适当程度？有的时候是需要按部就班地画一张画，有的时候是需要在按部就班的基础上做另外的思考。比如说我们是不是需要在每张画的开始和结束都遵循规定的时间？如果一张绘画作品的完成时间要取决于上课铃声和下课铃声，这本身就违背了艺术规律。

　　另外，什么时候可以停下来，什么时候可以开始，什么是对画面最好的呈现，应该取决于每个学生对画面具体的判断，而不是由教师来决定。问题在于，这样的思考过程也会导致一种基本规则的建立，但是这些规则却是和美育教育的最终目的背道而驰的，对此我们应如何去改变？

Tips 2

　　　　　"改变"既是过程也是目的。改变的过程会有各种可能性，教学以改变的过程为目的，结果就会更多样、更不同。学生不仅要学会解决问题与困惑，也要学会和困惑、纠结共存。艺术教育的目的是在过程中学会思考"控制"和"失控"的关系。

学生从入学开始接受艺术教育，接受教师的引导，慢慢会被改变，有的人变得快一些，有的人变得慢一些。这种改变更多被认为是目的层面的，较少被理解为过程层面的。但是如果我们以过程为教学的目的，那么改变可能会更多样、更宽阔，每个学生的改变方式、对象和结果也会有所不同，比如每个学生在绘画过程中探讨的问题、感受的苦恼、出现的纠结和矛盾都是不同的。

另外，学生不仅仅要学会解决问题，还要学会与困难共存。很多学生都希望在绘画学习过程中尽快摆脱纠结和矛盾，迅速获得理想的效果，达到学习的终点，但他们不知道，与矛盾共存是艺术教育的常态。

在常态当中慢慢地适应，在过程中有所收获、发现和成长，才是真正的改变，而不是以考入某所学校为具体目标，或者以达到某个艺术家、某类艺术家或某类艺术风格的表达高度为目标。至少上述两类目标不是艺术教育的全部目的，如果急功近利地去开展教学，那么我们的教学里就只有"控制"，没有相应的"失控"。

Tips 3　　　　　"不确定性"中暗含启示。"控制"和"失控"的过程存在很多不确定，这些不确定也是艺术教育中探讨的重点。

我们之所以要讨论"失控"与"控制"，是想表明艺术教育的本身就是"失控"——"控制"，再"失控"——再"控制"的状态。这个状态的潜台词是不确定性，艺术教育的过程中有很多的不确定因素，这些不确定因素是艺术教育最需要关注和思考的重点，也是所有教师都需要思考的重要问题。

"不确定性"是"不被定义"的艺术教育的特征，例如如何判断学生身上的"好"与"坏"，如何在达到"共性"的过程中保留"个性"，如何接纳对学生性格和作品特点的不同理解，这种鼓励个性的发展，对于个体个性的接纳度和宽容度也是艺术教育的重点。

不确定性本身充满了启示、机遇和挑战，暗含了艺术思考，不同的教师对相同的学生会有不同的看法，对学生相同的作品也会有不同的看法，而相同的教师对不同学生的作业也可能会有相同的看法。在这样的艺术思考基础上，改变很多学生，保护很多学生，培养很多学生，才是一种人格完善基础上的艺术培养，也更接近于美育教育的性质。而通过反思艺术教育的不确定性，保护学生个性化的发展，培养学生健全的人格，也是艺术教育工作者崇高的使命。

**本节思考**

1　如何避免"控制"成为绝对的控制？

2　怎么看待改变的过程？

3　现实中出现了哪些艺术中不确定性的现象？

# 2.3

# 培养审美的能力

使艺术教育的诉求和审美判断能力相衔接，让更多的人具有审美判断能力，这样我们这个社会才会有更多好的审美判断能力，我们的社会文化、经济等各个方面也会发生很大的变化。这不是唱高调，而是基于具体教学过程出现的一个相对宏观的思考，这会使教学中许多具体的事情变得更有意义。所以在判断审美的过程中所形成的主动意识及能力，可以作为艺术教育教学一个强有力的背景支撑。那么怎么具体理解审美判断能力呢？如何才能建立和获得良好的审美判断能力呢？

Tips 1　　　学生主动去判断自己作品的好坏，可以避免教师的好恶成为学生的评判标准。

　　谁来判断作品的好坏以及如何判断作品的好坏，是教学过程中非常关键的问题。教师如何判断学生作品的好坏？教师如何引导学生在审美判断过程中形成一种主动的判断能力？教师如何教导学生判断自己作品的好坏？这些问题的答案是艺术教育的重要方面。

　　这里的判断有两层意思：一层是教师怎么判断学生作品的好坏，这是教学当中的重要环节；另一层更重要的意思，就是教师也应该培养学生判断作品好坏的能力，这是一个很大、也很难解决的问题。许多学生特别被动，他要等任课教师来评判其作业是好还是坏，这就导致教师的审美判断能力会在很大程度上影响学生个人对作品的判断，甚至影响其一生对审美的判断。这在教学过程中是一个严肃且重要的问题。

Tips 2

　　　　　对于发现每个人都有的"绝技"，教师要做的是培养学生的自我判断能力，帮助学生在判断的时候保持自己与生俱来的"特征"的同时融入"共性"，从而使其作品被更多的人接受。

　　审美判断的过程，可以发现每个人的"绝技"，"绝技"指的是每个人独一无二的表达方式，它并不局限于绘画，还包括音乐或其他艺术门类，即艺术范畴内的"特色"和"风格"。怎样才能发现这样的"绝技"呢？"绝技"和上面所讲的"好坏"又有何关系呢？

　　大众认为的好和坏是建立在共性和个性分析的基础上的，通常来说，符合共性标准就是好，不符合共性标准就是坏。可是"绝技"就一定要和所有人认可的"共性"相符吗？"绝技"与艺术规律是相互矛盾的吗？个性和共性的矛盾在现实教学中经常出现。如同鱼和熊掌不可兼得，要么遵循追寻共性的规则、规律，等待时机去展现自己的特点；要么就是一如既往地追寻自己的特点，也就是呈现自己的"绝技"，并承担其带来的后果。

　　这样的纠结和矛盾冲突会一直伴随每一个学生追求艺术的道路。

对此他们虽然需要独立思考，但同样也需要教育的帮助和教师的引导。我们在帮助他们判断的过程中，也要把判断的方式方法教给他们，同时还要培养他们独立的判断能力。我们可能最终不能决定什么是好什么是坏，也不能让他们将与生俱来的特点非常自然地融入共性准则中去，从而使其作品被更多的人接受，但我们至少要教会他们如何进行审美判断。

Tips 3　　　在无数作品中建立自信。审美判断、呈现、表达往往是瞬间完成的，这就要求艺术教育工作者有敏锐的感觉、快速捕捉事物的能力，在瞬间让特点消失殆尽之前，建立自信，把易逝的瞬间变成永恒。

要知道，我们教授艺术的目的不是培养艺术家，而是通过艺术的方式去帮助人们建立自信。我们并不反对人们通过学习其他学科发现自己的特点，找到属于自己的自信，但是艺术教育，特别是绘画教育，有使人更快地建立自信的可能。

如何达到建立自信的目的呢？这大概就是在艺术教育中使学生具有瞬间审美判断能力的目的之一。那么为什么在"审美判断能力"前面加上"瞬间"呢？由于审美判断的认识、呈现和表达往往是瞬间达成的，这是审美判断的特点，所以在审美判断能力的培养过程中，要求从事艺术教育教学的教师不但要有敏锐洞察事物的能力，更要有迅速捕捉事物的能力。

我们会发现一些学生作品当中与好坏相关的因素，也会在瞬间发现学生作品当中那些属于他们自己的特点，同样也可以在瞬间让这些好与坏、这些特点消失殆尽。艺术教学过程中确实有很多这样的情况，由于教师不敏感、不敏锐，比较慢地发现和捕捉，学生错失了很多机遇，学生对此可能遗憾终身，因为在应该获得艺术教育的阶段，他们没有获得关于提升审美判断能力的帮助。

在绘画表达和学习研究的过程中，任何事情都可能发生。教师面对各种各样转瞬即逝的情形，必须具有敏锐的洞察力，以捕捉那些瞬间。学生要想掌握把瞬间变成永恒的能力，也必须具备瞬间审美判断能力，这不但要靠学生自己慢慢成长，还需要教师认识到，在教学过程中，教授审美判断能力非常重要。

## 本节思考

1　让学生具有判断作品好坏的能力在现实中有什么作用?

2　在教学过程中，有什么具体的方法可使学生将个性融入共性之中?

3　除了艺术专业的学生，是否有必要帮助其他专业的学生在艺术中建立自信?

# 2.4

# 唤醒内在的潜力

能不能做一个唤醒学生潜力的人，怎样去唤醒每一个学生潜在的能力，是每位教师都要深入研究和探讨的问题。

Tips 1

差异性和共性是艺术教育工作者应该思考的一个重要问题。艺术教育不能致力于把所有不同的人变成相同的人。

我们要成为能发现"差异性"的教师。不同的人描绘相同的事物时，画面之间的差异就是艺术的精髓，是绘画的魅力所在。我们在日常的艺术教学中应该关注差异的问题，而且在教学过程中要有意识地探索和触及这个问题。例如让学生去画一组静物，要求各个学生关注他所画的静物与另一个学生所画的静物及实物之间，在造型、色彩等因素上是否有差异。

差异是肯定存在的，因为不同的人画相同的物体，得出的画面都是不同的。教师在教学过程中经常会遇到这样的情形，全班学生围着同样的物体去画，画面的效果各有不同，这就是我们所说的差异性。每个人认识事物的角度是不一样的，认识事物的方法也是不一样的，尽管艺术教育倡导人们用相似的方式去观察事物、表达事物，但表达的差异性是没有办法避免的。

Tips 2　　　　　　　差异性能够引发人们对艺术教育的思考。我们要在消灭和纵容差异性之间找到一个平衡点，要具备将"个性"融入"共性"的能力。

上面所说的是差异性这个概念本身，接下来我们要探讨关于差异性所引发的艺术教育当中的思考。我们的艺术教育是要引导学生消灭差异性还是保护差异性，又或者是纵容差异性？差异性和共性之间怎样达到一种平衡和融合？

教师要做一个能将学生的"个性"融入"共性"的人。艺术教育不能致力于把所有不同的人变成相同的人，但也并不是要把相同的人变成不同的人，因此我们无法回避这些问题。差异性是艺术绘画创作和练习过程中最珍贵的因素，涉及一个人潜在的能力，它会不经意地流露出来。对此，艺术教育工作者需要敏锐地观察，发现每个人的差异性，找到每个人潜在的能力或者天赋。

我们谈论一个人是否有天赋或才能，这个天赋或才能具体指的是什么？从哪里入手能够发现跟天赋或才能有关的蛛丝马迹？差异性是不是一个突破口呢？恳请大家特别认真地去思考这个问题，因为在艺术史中，所有我们认同的共性，都是从一种具体的个性开始逐渐形成的。

所谓共性的产生，也是个性从潜在到生成，再到逐渐磨合融入，进而被越来越多的人认可的一个过程。如果我们在一开始就致力于消灭差异性，把每个人的潜在特点都完全抑制起来，就无法形成被更多人和全社会认同的共性了。那样的话，我们只能不断地去审视、继承前人在当时对于艺术的共同认知，但是那个共性并不属于我们这个时代，因此这样会导致这个时代的文化无法得到充分发展，甚至陷入停滞的状态。

Tips 3　　　　　　　　激发他人主动创作的能力，唤醒他们珍贵的天性，是教师的天职。

　　从差异性角度入手来考虑教学，会使艺术教学更生动、更有趣，学生的热情被激发起来，教师的热情也被激发起来，最终还会激发一个人的主动创作能力。他会发现自己与别人的不同，这个不同可能是他将来发展的一个契机、一个突破口。他会不断地强化这个契机和突破口，然后去完善它。我们把这个强化和完善的过程称为创作，也可以说是主动的创作。

　　如果学校里面的学生都具有这种主动创作的热情，越来越多的人能够进入这种主动的学习状态，那么整体的教育环境就会得到很大的改善，我们的教育目标也会得到更大意义上的提升和拓展，这也是教师之所以要成为能激发他人"主动创作"的人的意义所在。

　　激发学生主动创作的能力，不论是在应试教育方面，还是在美育教育方面，都会得到相应的，甚至出乎意料的回报。如果一直按照目前现实中的考量，从应试的角度去影响教学本身，忽略了美育教育，最终也未必能如愿以偿。

　　所以作为教师，不管从哪个角度出发，能唤醒他人潜在的珍贵能力，就值得我们感到骄傲。教师从这个角度回想一下自己的教学初衷，回看一下自己的教学过程，回溯一下自己的教学方法，去发现问题和改善现状，可以有很多的收获。

　　在这里额外举一个示例就是墨西哥享誉世界的女艺术家弗里达。在她的作品中，生命的困苦、艰难、喜悦、快乐都表现得非常具体、非常突出。在这方面，我觉得她甚至不亚于梵高。艺术史上有关于她的大量评价和介绍，她的故事甚至被拍成了影片。其实她的作品和她的生活在很多方面都和我们艺术教育所要思考的问题有关，各位教师可以查阅一下这位艺术家的生平及作品，从中获得一些思考。

## 本节思考

1　深入思考对待学生的差异性应有的态度和方法。

2　对待不具备主动创作热情的学生，教师应该鼓励还是放弃？具体如何实施？

3　从艺术家弗里达的生平和作品中，你得到了哪些启发？

## 2.5

## 重视绘画的过程

我们是否把绘画过程当作艺术行为？抑或只看重绘画的结果？这里需要着重强调一下，绘画不是行为艺术，而是艺术行为。之所以这样说，是因为我们往往更多地把绘画作品当作艺术，但是并没有把绘画过程当作艺术来对待。

大部分人只关注绘画作品本身，而不关注其形成过程，因为他们认为，只要能达到目的，运用任何手段都是可以的。但是我不这样认为，如果我们能够在把绘画结果作为目的的基础上，将绘画过程作为艺术行为来思考的话，每一个过程中的细节都会被充分认识、分析、研究，我们甚至会把过程放在和结果同等重要的位置上，当然这并不是指要用过程取代结果。

Tips 1

绘画是艺术的行为，只注重绘画作品（目的）而不注重绘画的过程是不全面的，绘画的过程是一个认知的过程。

　　绘画是艺术家"洞察力"的体现，这句话在教学中也同样适用。教师评阅学生的绘画作品也是看学生的洞察力，看学生看到了什么，表现了哪些东西，是不是看到了其他人没有看到的东西，或者看到了其他人熟视无睹的东西。这都是绘画的人要通过作品体现出来的。

　　这里所讲的艺术家并不是单指职业艺术家，而是善于从艺术的角度思考、具有艺术素质的人，因为艺术最终还是要生活化。在理想的社会中，每个人都有从艺术的角度去思考的能力，用艺术的方式去认识生活、理解生活的能力，因此每个人都可以是艺术家。

　　当教师把绘画过程理解为艺术行为时，就会看重学生是不是有敏锐的洞察力，是不是捕捉到了其他人看不到的事物，以及事物与事物之间的关系，就像梵高曾经说过："绘画表达的是眼睛看不到的事物。"例如我们通常只看见两棵树，但是看不到两棵树之间的关联。它们是相依为命的，或是彼此对立的，还是毫不相干的？这些关联我们看不到，但确实存在。

　　寻找、捕捉和表达这种事物与事物之间的关联有利于培养我们的洞察力。具有洞察力的人将来做任何事情都会做得更好，也往往会比其他人拥有更多的机遇。

Tips 2　　　　　感性是排除了以往的经验和理性的认识的呈现，在艺术教育中，回到感性再进入理性是思考的必经过程。

　　思维方式也是在艺术行为当中形成的。我们把绘画过程当作艺术行为，才会有随后的研究和思考，比如对感性和理性的关系的思考。

　　绘画首先应该是感性的呈现，当然这里所说的绘画不是职业教育意义上的绘画，而是面对所有学生的通识性艺术教育中的绘画，它给大家提供了一个呈现自己感受的机会。正如本章第一节中讲到的从无意识到潜意识，最终到有意识的转变，绘画也需要从"感性呈现"到"理性思考"，即先要有呈现，然后才会有呈现基础上的思考。如果我们现在呈现的不是直觉判断，不是自己本能的反应，那么很可能呈现的是别人的知识和经验。所以艺术教育率先会引导学生面对自己的感性，即使学生以前没有面对过，或者曾经面对过但现在忘记了，这么做的目的是让学生真正地知道什么叫作理性思考。

Tips 3

艺术教育如果仅仅是让学生在别人的知识和经验的基础上进行分析思考，学生就只能死记硬背，只会运用套路，艺术教育本身的目的就不会达到，艺术教育也会和美育教育的本质相去甚远。

绘画过程中有很多值得思考、值得分析的问题，如果这个过程可以被当作艺术行为来对待，那么教师的教学会更具有凝聚力、说服力和创造性。

前面我们探讨了绘画和艺术行为之间的关系，也探讨了过程和结果之间的关系，现在来探讨更接近艺术创作的绘画行为。这里所讲的艺术创作可以理解为教学行为，就像本章第一节介绍的从50张、30张到减少到1张的绘画教学行为。是不是这样的教学行为才更接近我们通常理解的艺术创作？

什么叫艺术创作？拍一张照片，然后把照片呈现在画布上是艺术创作吗？那什么是跟艺术创作相关的艺术教育呢？我们作为教师，怎样身体力行地引导学生呢？仅仅是给学生呈现我们画的结果吗？还是呈现我们绘画的过程呢？

最后再说一个大家经常遇到的场景。就是在画室中，许多人围着一个模特进行写生，其实这是一件让我感到特别奇怪的事情，因为位置远离模特的学生根本看不清楚模特，只能看到一个大概轮廓，而这样的场景反映出教育方式中的问题，恰恰是艺术教育工作者应该去思考、去改进的。

## 本节思考

1　如何看待艺术教育的过程和结果？如何看待绘画的过程和结果？

2　如何观察学生是否有洞察力？学生会从哪些方面体现洞察力的存在？

3　感性是什么？理性是什么？如何看待两者的关系和区别？

# 2.6

## 美育与实践
## 通识课

实例一　涂鸦

　　在课堂上关灯10分钟，要求学生闭上眼睛用绘画工具来描绘生活中熟悉的事物。在打开灯以后，引导学生发现想象中的事物和实际看到的事物存在差异，并引导他们研究这种差异。

　　开展这个活动的目的是在适度的"失控"下，让学生忘记经验中形成的关于结构、色彩及构图等生硬的"模板"知识，从而流露真实感受。活动效果很让人惊喜，学生用油画棒和钢笔创作的即兴之作充满想象力。

学生涂鸦作品展示

**实例二　静物写生**

学生具有不同的专业背景，他们中很多人很少或者是第一次接触绘画。教师在课堂上并未就技法等基础知识进行指导，学生因此更加放松，更能够进行个性化的呈现。虽然没有技法的教授，但是在学生的绘画作品中仍然能看到视觉艺术的基本审美规则和标准。

通过剪裁，将这些静物写生作品重新发给学生欣赏，学生从中可以看到另外一些可能性，并思考这些可能性带来的不同感受。

学生静物作品展示

**实例三　形态研究**

　　在课堂上将画册撕开交给学生，让学生在事先没有准备的情况下将其做成形态各异的空间形态。学生在第一次尝试时思路很难打开，在第二次尝试时情况已经有了很大的改变。这样的方式可拓展学生的创造性和表现力，挖掘他们在别的领域展现才华的可能性。这是一种尝试，可能为他们将来进入新的领域奠定基础。

学生作品展示

# 本节
# 思考

1　本节中的3个课程实例适用于哪类人群，哪种教学环境？

2　除了上述课程实例，你是否还有其他更好的课程设计？

3　在这些课程实例中，如何实现美育教育的普及？

# 李睦说

I　　在有意识的状态下追求表达；直觉、本能、感性的表达触发形成了有意识的追求的表达，追求变成了痕迹，痕迹变成了价值。

II　　所有的艺术教学都是在"控制"和"失控"中不断寻找平衡点的过程，艺术教育工作者最实质的工作就是平衡二者的关系。

III　　艺术生活化，是一种追求，是一个理想。每个人都有从艺术的角度去思考的能力，用艺术的方式去认识生活、理解生活的能力，因此每个人都可以是艺术家。

IV　　改变的过程会有各种可能性，教学以改变的过程为目的，结果就会更多样、更不同。

V　　学生主动去判断自己作品的好坏，可以避免教师的好恶成为学生的评判标准。

VI　　培养学生的自我判断能力，帮助学生判断的时候在保持自己与生俱来的"特征"的同时融入"共性"，从而使其作品被更多的人接受。

VII　　差异性和共性是艺术教育者应该思考的一个重要问题，艺术教育不能致力于把所有不同的人变成相同的人。

# 彭　锋

现任北京大学艺术学院院长、北京大学中国画法研究院院长，兼任国务院学位委员会艺术学理论学科评议组召集人、教育部高等院校艺术学理论本科专业类教学指导委员会秘书长、中国文艺评论家协会理事、中国美术家协会理事，2022年入选第五届全国中青年德艺双馨文艺工作者，出版《艺术学通论》等专著、教材和文集17部，《艺术的语言》等译著（含合译）7部，主编《国际美学年刊》（Yearbook of International Aesthetics）第16卷，在国内外重要期刊发表中英文论文300余篇，策划第54届威尼斯国际艺术双年展中国馆等艺术展览100余次。

# 03

定位美育

本章主要从艺术教育的多样性和艺术概念的分类出发，将艺术教育分为4种，并一一辨析了它们的发展历史、教育目的、教学方法和教育难题，最后还推荐了多本美术书籍，以引导大家更好地了解艺术与美学的世界。

# 思维导图

The
Mind
Map

## 定位美育

| | |
|---|---|
| **艺术教育的分类** | 艺术专业教育 |
| | 艺术学术教育 |
| | 艺术素质教育 |
| | 教育艺术 |
| **艺术专业教育与艺术学术教育** | 中国的艺术专业教育 |
| | 欧洲的艺术学术教育发展 |
| | 中国的艺术学术教育发展 |
| | 东西方艺术学术教育的区别 |
| | 艺术可学但不可教 |
| **艺术素质教育与当代美育** | 艺术素质教育的核心 |
| | 无利害的态度 |
| | 什么是美 |
| | 什么是美育 |
| **教育艺术与教育美学** | 教育艺术的变迁 |
| | 传统的模式一 |
| | 当代的模式二 |
| **美育书籍推荐** | 《艺术学通论》 |
| | 《美学指南》 |
| | 《文艺心理学》 |
| | 《美学原理》 |

# 3.1

# 艺术教育的分类

艺术教育形式的多样性源于艺术含义的模糊性。

首先，艺术有创作和研究之分。哲学的创作和研究是不分家的，即哲学思考和对哲学思考的研究是一回事；但艺术的创作和研究是有区分的，艺术创作和对艺术创作的研究是两回事。有些人深谙艺术创作的规律，但并不一定能够做好艺术创作。

其次，艺术在意义上有分类和评价之分。一幅画可以被称为艺术作品而被归到艺术之列，这是从分类意义上看；但若是评价一幅画是艺术时，指的是此画的艺术价值高，与其他普通画作不一样。甚至有些日常事物在分类意义上并不属于艺术作品，但当它们呈现出优美的造型和设计时，也可以说它们是艺术或具有艺术性的。同时，艺术还有专业和业余之分，职业歌唱家和业余歌手肯定不同。

根据艺术在日常语言中的多种用法，艺术教育基本可以被分为4种不同的类型。

Tips 1

第1种是艺术专业教育，例如清华大学美术学院开展的就是艺术专业教育，旨在培养艺术家和设计师。

第2种是艺术学术教育，比如说北京大学艺术学院所从事的便是艺术学术教育，旨在培养艺术理论家、艺术史家和艺术批评家等。

第3种是艺术素质教育，比如当下广受重视的美育，它并不以培养艺术从业者或研究员为最终目的，而是希望培养出有素质、有修养、有创造力的人才。

第4种是教育艺术，即教育的形式本身可视作一种艺术的行为。通常师范大学会进行关于教育教学法的研究，简单来说便是研究如何把课上得更好，这也属于教育艺术的范畴。

# 3.2
# 艺术专业教育与
# 艺术学术教育

艺术专业教育可追溯到欧洲文艺复兴时期，此时的艺术专业教育仍以师徒关系为主，即处于前学科阶段。成熟的艺术专业教育出现在18世纪的法国。在当时的法国涌现出的学院与工作室最大的区别在于，其不为单个师傅所掌管，传承的也非个人的技术。

Tips 1

当时的中国艺术专业教育存在3种模式，即欧洲模式、苏联模式和传统的师徒模式。

20世纪初，老一辈艺术教育家把学科阶段的艺术教育引进中国，但并非照搬西方。前国际美学协会主席卡特曾说，尽管西方一直努力将西方艺术带入中国并建立"权威"，但始终未能成功，因为中国艺术传统太深厚。

目前我们所知的中国古典舞其实是受到西方芭蕾舞的影响，并结合中国古代文献、壁画中的舞蹈形象和中国传统戏曲中的舞蹈动作创作而成的，之后的《红色娘子军》又结合了当时苏联的艺术特色，是三种模式的综合体现。

徐悲鸿《泰戈尔像》

徐悲鸿的作品也体现出对国画笔墨趣味和韵味的传承，他是成功融合中西画法的艺术大家，他的《泰戈尔像》很好地体现了这一特点。这幅作品受到了西方文化的影响，又结合了传统国画人物画的画法，同时体现出西方绘画技法和国画的韵味，成为徐悲鸿肖像画中的最佳作品之一。除此之外，歌曲《黄河大合唱》、国画《江山如此多娇》等名家名作都受到中西方文化的共同影响。

中国艺术专业教育中3种模式并存非常有益于培养艺术家。除了训练技术能力之外，吸收不同文化的优点也是成为艺术家的重要功课，为了保持某项技术的纯粹性，只专注于一种技术的时代已经过去了。随着当今社会越来越多元化，信息越

《红色娘子军》芭蕾舞剧表演

来越开放，"地球村"不再是一个口号，而是会逐渐成为现实。许多问题都需要全球共同去面对，这不仅限于这里所讨论的艺术，还包括气候问题、环境问题、医学问题等各个方面。

艺术专业教育兴起的同时，关于艺术的学术研究也出现了。克里斯特勒的《艺术的现代系统》详尽考证了18世纪欧洲美学家和批评家共同努力确立艺术现代系统的过程。中世纪的"自由七艺"的概念与今天不同，指的是语法、修辞、逻辑、算术、几何、天文、音乐，其中仅音乐跟今天的艺术有关，而现代艺术的概念则涵盖雕塑、绘画等门类。

在中国，促成艺术研究飞跃式发展的，则是10多年前我们确立了艺术学理论学科，从此，美术、音乐、舞蹈、电影等多领域的研究相互借鉴并快速发展。西方虽提出了现代艺术的概念，却只满足于学科类研究，缺乏对"超学科"的追求。历史上只有黑格尔尝试将全部艺术门类总括起来，其美学观点包含对建筑、雕塑、绘画、音乐、戏剧、诗歌等的探讨，每种艺术门类都占据着合适的位置；而中国在多年前便呼吁"超学科"的设立，这或许与中国人普遍联系、万有相通的思维方式有关。

以下两件运用了相似方法论的装置作品可以体现中西思维上的差异：科苏斯的《一把和三把椅子》和徐冰的《鸟飞了》。通过前者，我们只看见了两把椅子，一把是真实存在的、可以坐的椅子，一把是照片中的椅子；其最右侧则是《韦伯斯特大词典》中椅子的定义，属于无形的椅子。木匠打造的椅子是对概念的模仿，画家的椅子是对木匠椅子的模仿。其中画家和木匠的椅子是可以看见的，属形而下范畴，而椅子的概念是看不见的，属形而上范畴。在西方思维中，两者是一分为二的，其间的鸿沟无法跨越。而后者则表达了在中国的思想中，文字和其所代表的实物是可

以联系起来的。这是一件装置作品的示意图。在真正的作品中，地上平铺着《新华字典》中鸟的定义，在空中则由鸟的文字逐步演化出一只只飞起的鸟儿的形象。徐冰借鉴了科索斯的方法论并为作品重新赋予了独有的中国文化，即"万有相通"。

科索斯《一把和三把椅子》　　　　　　　　徐冰《鸟飞了》

　　詹姆斯·埃尔金斯在《艺术是教不出来的》一书中提出一个艺术专业教育的难题，即艺术可学但不可教，他认为艺术创作者仅靠技术和学识是不够的。在艺术院校中，学生画画比老师更好、雕塑比老师更强的情况比比皆是。有些在学校表现非常优秀的学生毕业后并没有成为艺术家，相反一些在学校不被看好的学生却成了出色的艺术家，所以确实存在"艺术可学但不可教"的错位。虽然艺术院校的主要目的是培养艺术家，但从根本上来说，艺术家并不是教出来的。艺术家所具有的特别气质是其个人的天赋，这种天赋是不可教授、不可复制的，甚至不是在校内培养出来的，所以这种悖论的存在无可避免。正如《沧浪诗话》中有言：

引文1　　　　　　　　夫诗有别材，非关书也；诗有别趣，非关理也。然非多读书、多穷理，则不能极其至。

　　不是广读诗书、知晓道理便会写诗，写诗要有特别的才能和趣味，而这些都是天生的，学习不来。但若仅有才趣，不读书，也不思考，便无法登上艺术的高峰，故二者应结合。从这个意义上讲，艺术是不能教的，好的艺术教育应保护并进一步启发受教育者天性的发挥。

而艺术学术教育的困难则是学术研究、艺术欣赏和艺术创作之间或许并无关系，即使学习艺术也可能无法解释艺术。王尔德在《作为艺术家的批评家》中提出3个要点：如果艺术家的作品简单易懂，何必去解释；而若是晦涩难懂，又怎么能解释；为了保持艺术的魅力，其实无须解释。艺术与其他事物最大的区别在于它的不可言说性，只让人沉浸享受，若是说得一清二楚，反而失去了魅力。

《庄子·应帝王》中有个故事也与此相关：

引文2

> 南海之帝为儵，北海之帝为忽，中央之帝为浑沌。儵与忽时相与遇于浑沌之地，浑沌待之甚善。儵与忽谋报浑沌之德，曰："人皆有七窍以视听食息此独无有，尝试凿之。"日凿一窍，七日而浑沌死。

浑沌并不是真的死了，而是因为有了七窍之后他不再浑沌，拥有了智慧，混沌便不存在了。艺术学术研究可能会让艺术失去它的魅力，我认为这是艺术学术研究所面临的最大难题之一。

## 本节思考

1　关于中国艺术专业教育中3种模式并存的说法，你有什么见解或知道哪些实例？

2　艺术的系统经历了怎样的发展？

3　对于"艺术可学但不可教"的观点你是否认可？为什么？

# 3.3

# 艺术素质教育与
# 当代美育

为了与艺术专业教育和艺术学术教育区别开来，艺术素质教育也可称作"艺术态度教育"。对于艺术素质教育来说，最重要的既非技术，也非学问，而是态度的转变。这种转变既不需要很高的艺术创作技巧，也不需要对艺术历史有很深的研究，而是需要懂得欣赏艺术作品，懂得欣赏自然美和生活美，属于一种生活态度的转变。

Tips 1

普通美学分为6种，即建筑、雕刻、绘画、音乐、剧、文，是也。专门家之美的观念，及技术上之进步，能感化一般人，而增社会之美的要求。

这些能力可以用在艺术的创作和研究上，也可用于其他学科领域的创造和生产，更重要的是可以帮助我们追求美好的生活。之前谈到美学和现代艺术的概念是在18世纪的欧洲确立起来的，这与艺术业余爱好者群体的兴起有关。随着欧洲资本主义的崛起，出现了一部分中产阶级的艺术业余爱好者。他们与艺术家们不同，艺术家多半局限于某个艺术门类之内，如画家只专注于绘画，不涉及戏剧、诗歌或建筑；音乐家只专注于音乐，不涉及雕塑、舞蹈等，而艺术业余爱好者们可以涉足不同的艺术门类。

尤其是中产阶级，其在生活和工作之余，有一定时间和金钱上的富余，便会去欣赏绘画、聆听音乐、观看戏剧等，从而发现其中的共性，并将具有共性的艺术门类归入艺术行列，以此确立研究它们的学问。因此，美学最初是为艺术业余爱好者、艺术公众，而非为艺术行家确立的学问，也因此，美学从来不会教育人们如何去创造艺术或培养艺术家，而是会教人们如何欣赏美和艺术。不论是专业角度的欣赏，还是业余角度的欣赏，都属于美学的范畴。

艺术专业教育教授艺术技能、培养艺术家，艺术学术教育教授知识学问、培养学者，那么艺术素质教育教授什么，培养什么呢？

Tips 2     艺术素质教育的核心是培养一种无利害的态度，即对对象的存在不感兴趣，或对对象是否存在不予表态。

例如，当欣赏画作中的一颗苹果时，其实我们对苹果的存在不感兴趣，甚至对它是不是一颗苹果也不感兴趣。这跟现实可吃的苹果不同，现实中苹果被我们吃掉了，他人就无法享用；但画作中的苹果，人人可观赏，我们看过了他人还可以看，不包含对苹果的占有和消灭，因此这颗苹果是可以让很多人共享的，这种态度便是无利害的态度。

我们在审美时，对对象就持这种无利害的态度。把审美经验中训练出来的这种态度带到社会生活中，有助于我们成为道德的人。另外还存在一种情况，不是针对作品内容，而是针对作品本身。仍然以一颗苹果的作品为例，我们在欣赏作品时对苹果并不感兴趣，而是非常喜欢这幅作品，想要将这幅作品占为己有，这同样也违背了无利害的态度。因为欣赏作品是一种审美的态度，占有作品则是一种功利的态度。当你的态度从欣赏转变为想要占有时，就已经丢失了作为审美应有的态度。

Tips 3     从某种意义上来讲，艺术领域里的专业人士更容易失去审美中无利害的态度。

比如很多艺术品收藏家，他们非常懂得艺术，也非常会欣赏艺术，但当遇到一件想要收藏的艺术作品时便会出现一种弊病，他们开始花大量时间去筹划如何获得这件作品，结果却没有多少时间去欣赏这件作品了，这便是审美中的本末倒置。反而是一些艺术业余爱好者，因为各种原因，他们并不会生出占有这件作品的念头，可能便会将更多的时间用于欣赏作品，他们这种审美态度是艺术素质教育所提倡的，也是当代美育所期望达到的。

这样理想化的美育在实施过程中存在很大的困难，最为困难的点就在于如何将这样的审美态度教授给学生，也就是我们的艺术素质教育要教什么的问题。艺术专业教育可以教授学生绘画技术、美术知识等，但在艺术素质教育中教授技术和知识很可能会使学生变得功利，产生对艺术品占有的渴求。如果把艺术素质教育当作一种知识教育，之后又通过考试去评价学生的学习程度，这又将艺术素质教育变成了公式化的分数，对于无利害的态度培养没有丝毫作用，所以究竟要教什么、怎么教是推广艺术素质教育过程中所要面临的最大难题。

想要达到无利害的态度的教育，首先要无功利、无概念、无目的，当然并不是要求大家都回到一个原始的婴儿状态。如果真的像一张白纸一般用纯洁之眼去看绘画，用纯洁之耳去听音乐，那也未必能保证看懂、听懂，理解和获取美的信息，而且无论是谁，经历人事后都不太可能再保有纯洁之眼和纯洁之耳了。所以，我们是要在有了这些知识之后学会放下和忘记功利、概念、目的，而专注于去挖掘和分享这些知识。

《庄子·外物》中有言：

引文1

　　　　荃者所以在鱼，得鱼而忘荃；蹄者所以在兔，得兔而忘蹄；言者所以在意，得意而忘言；吾安得夫忘言之人而与之言哉！

这段话的意思是，竹筍是捕鱼的工具，捕到鱼就忘掉了竹筍；兔网是捉兔的工具，捉到兔子就忘掉了兔网；言语是传达思想的工具，领会了意思就忘掉了言语。我如何才能找到忘掉言语的人而跟他谈一谈呢？庄子认为达到了目标，工具就都可以忘掉了。同理，在艺术素质教育中，可以将教师传授的各种美学知识作为工具，当达到了无利害的鉴赏水平时，这些作为工具的知识便可以忘掉了。

一旦无利害的态度培养起来，便可达到以美育影响德育的效果。以梵高的《向日葵》为例，首先我们对画中所描绘的向日葵是否真实存在不感兴趣，对于作品的真假也不感兴趣，对于作品的价值也不感兴趣，这是第一步；第二步是我们即便知道这幅作品的经济价值非常高，也不会产生占有的欲念，甚至对这幅作品是否存在也并不在意，因为这与我们自身并无太大干系，从而我们压根儿不会有自私的想法，这便是德育的体现。正如蔡元培所说：

引文2

> 纯粹之美育，所以陶养吾人之情感，使有崇高纯洁之习惯，而使人我之见、利己损人之思念，以渐消沮者也。

当达到纯粹的美育时，人我之间的区分便会消除。如同天空的一轮明月，你可以欣赏，我也可以欣赏，大家一起欣赏。通过这轮明月，我们可以形成一种共情、一种互相之间的连接。对待艺术品亦是如此，由此从审美境界进入道德境界。

之前我曾在北京大学开设过美学通选课，所有的本科生都可以来选修，而选课的学生大部分都来自理科院系。对于这些非艺术专业的学生，我便将课程作为艺术素质课进行教授，旨在改变学生对待美学的态度。在将近10年的通选课中，几乎每年都有学生问我这些问题：美究竟是什么？美的定义到底是什么？

这些问题其实相当有难度。大部分课程对于教授的对象都有一个严格的定义，但是在美学里，所有东西都不需要进行严格的定义，我们并不想对美学进行分门别类，也不想让学生功利地去学习这一科目，而是希望他们保持纯粹的欣赏，在欣赏期间感觉愉快就多停留一会儿。大部分学生并不满意这样的解答，因此我还是对美做出了一个定义：

Tips 4

美就是一个事物在无概念状态下的显现。

比如一个杯子，当我们不用"杯子"这个概念来看待它或定义它时，它是一个自在的显现，即物质再现，这是属于它自身的存在，而非被"杯子"这个概念所套牢。可是它一旦被概念所定义，就会停止自在地显现，而成为中规中矩的杯子，并忠实地扮演杯子的角色，发挥它相应的作用，被人们作为"杯子"去定义、去使用，而不再有人欣赏它作为物质的美。因此我认为美就是一个事物在无概念状态下的显现。

任何事物都有它美的一面，但有些事物比较强悍，容易体现出美的特质；有些事物比较温顺，不容易体现出美的特质。例如，我们常见的日用品一般都比较温顺，人们更容易注重其实用性而非欣赏性，而伟大的艺术品，则突破了人们惯常的艺术观念，无法用任何概念去定义它，它便能强悍地显现自身特质，以它独有的魅力去吸引、去震撼人们的感官，使人们暂时忘掉试图定义它的想法，从而显现出它作为物质的美。

明代著名思想家王明阳的一段言论为：

引文3

你未看此花时，此花与汝同归于寂；你来看此花时，则此花颜色一时明白起来，便知此花不在你的心外。

从美育角度来看，"心"在这里起到的并不是套牢和定义的作用，它没有套牢这个"花"是黄花、红花、紫花，也没有定义这个"花"是桃花、梨花、桂花，而是提供了一个舞台，一个让事物尽情显现自身的舞台。而花的种类、颜色等也并不重要，只需要显现出"明白"的活泼状态，这种状态最重要。我们看到花的时候，我们自身的身份也不重要，重要的是我们在这株活泼的花前逗留了片刻，并产生了愉悦的精神体验，这种体验便形成了宝贵的审美经验，这种审美经验是在无功利、无概念、无目的的态度下涌现出来的。

艺术素质教育与其他教育最大的不同在于，它带有一定的否定性、批判性、还原性和超越性，它不以能力教育和知识教育为目标，而以态度教育为目标，并最终关系到我们通过美育可以培养出什么样的人的问题。清代思想家王夫之曾说：

引文4

> 圣人以诗教以荡涤其浊心，震其暮气，纳之于豪杰而后期之以圣贤，此救人道于乱世之大权也。

其中的"诗教"所代表的意义便相当于当代美育的作用，旨在培养出真实的人、完全的人、有人格魅力和人格力量的人，使人从功利概念的目的中超脱出来，成为能够遵从自己的真情实感、尊重世界的真实模样的人。

**本节**
**思考**

1　艺术素质教育与艺术专业教育、艺术学术教育的最大区别是什么？

2　艺术素质教育的受众是哪些人？这些人具有什么特点？

3　从自身出发，谈谈对于美育所要培养的"无利害的态度"的认识。

# 3.4

# 教育艺术与
# 教育美学

前面的3节分别讲述了对待不同学生的教育，本节则讨论一下如何提高艺术教师的教学水平，通俗地讲，就是现代艺术教师该如何更好地授课。

Tips 1

教育艺术指的是将教育本身作为艺术来实施。不仅艺术教育需要将教育作为艺术来看待和实施，所有科目的教育都应该将教育当作艺术来看待和实施。

这就是所谓的教育艺术或者教育美学。从分类上看，它应该属于教育学中教学法的研究领域。目前的教学法多注重特定科目的教学效果，对于教育在特定历史时期的变化很少做出及时的反应。

以我自身为例，30年前我在北京大学求学，硕士专业方向是西方美学，后来博士专业转向中国美学。为什么要研究中国美学呢？因为当时并没有非常充分的资料让我对西方美学进行深入的研究，大部分的资料都是翻译过来的，原著是无法看到的，一些没有翻译引进的资料更是无从得知。相对来说，中国美学的资料更为丰富，也更容易找到原本，所以在当时有限的条件下，中国美学研究能比西方美学研究做得更深入。

现在时代不同了，几乎所有的资料几乎都可以找到，查找资料的渠道有图书馆、书店、购书网站、网上资料库等。资料已经不再是我们做一项研究的限制条件。因此，现代学生获取知识的途径非常多。很可能我们作为教师在讲台上讲错一个知识点，下面的学生随便一查就知道我们讲错了。所以一位教师站在一群学生面前，很可能是没有自信的，因为可能学生知道的比教师还多，尤其是一群学生加起来，他们所知道的、所看到的可能远远超过了他们的教师。

Tips 2　　　　　　　传统的以教师为中心的教育，正逐渐过渡为以学生为中心的教育。

　　事实上，随着信息技术的发展，在信息时代，知识已不再被少数人所垄断，学生获取知识的渠道不再局限于课堂上教师授课；在教育中，教师所扮演的角色逐渐变得次要。所以如何调动学生学习的积极性，引导学生自主学习，成为当今教育的重要课题。对于艺术来说，教育艺术、教育美学不仅仅是上好一门课这么简单，更严肃地说，现代教师甚至无法上好任何一门课，为什么呢？

　　因为学生之间具有差异性，我们的课可能满足了这个学生，却满足不了那个学生。所以我们在上课时一定要注意，不是自顾自地传授知识就可以了，不是讲完教案就结束了，而是要培养学生的自主学习能力。他们一旦进入自主学习状态，就可以学到远远超过教师所教授的内容，甚至超过教师的知识领域，那么这个时候的授课就已经不是传统模式下的教学了。

Tips 3　　　　　　　当下知识生产的模式正在由传统的模式一向当代的模式二发展。

　　模式一的知识生产只受学术兴趣的指导。在这种模式下生产出来的知识，被认为是一种纯粹的科学知识，跟知识之外的社会不必发生任何联系。这种纯粹的"为科学而科学"的知识，只跟科学自身相关。比如，数学家只解决前一代数学家留下来的难题，同时留下自己的难题等待后一代数学家来解决，如此演进，构成自律的数学发展史。这种意义上的数学可以与人类实际的计算需要没有关系。

　　相反，模式二的知识生产是针对某个具体的应用目标的生产。在这种模式下生产的知识，不再具有自律的特征，而是与整个社会密切相关，受到政治、文化、商业利益等方面的影响。

模式一的知识以建立理论体系为目的，模式二的知识以解决问题为目标。也是由于具有事件特征，模式二中的知识与其说是解决问题，不如说是产生艺术的过程。

Tips 4

正是在这种意义上，当代教育本身在总体上具有艺术的特征，艺术或美学不再用来形容某些特定类型或者效果的教育，而是指当代教育的本质特征。

鉴于模式二中的知识是像艺术一样的事件，教育的目标就是培养演绎事件的人才；教育如同事件的预演，教师只是事件预演的组织者和观察者。在传统教育中，教师如同演员，学生类似观众；在当代教育中，教师与学生的角色发生了颠倒，学生成了演员，教师变成了观众。因此作为一个艺术教育工作者，我们要把教育做成艺术，给学生提供舞台，让他们发挥能量，我们则退居幕后，成为支持者和观察者。

**本节
思考**

1　教育艺术中的"艺术"与我们日常所说的艺术类科目中的"艺术"是否相同？

2　你是否遇到过学生成为课堂主导的情况？如何正确引导这种情况？

3　你倾向于成为模式一的教师还是模式二的教师？为什么？

# 3.5

# 美育书籍推荐

这里由于篇幅限制，对于美育的定位只能进行有限的讨论，在此给大家推荐几本书籍，相信从中可以获取更具有深度和广度的、关于美育的知识，帮助大家在美育教育的道路上更进一步。

**彭锋《艺术学通论》**

本书试图对艺术学理论的系统和问题做出全面勾勒和初步研究，以建立一个完整的艺术学理论的知识体系。全书分学科、问题和门类3个部分，共33章，结合了彭锋老师的《美学原理》和其他艺术著作，涉及大量关于艺术教育和艺术史的知识点，理论性和概念性较强，可作为日常学习的参考书。

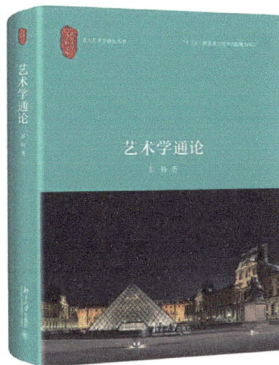

**彼得·基维《美学指南》**

为实现将西方美学优秀作品介绍到中国来的目标，彭锋及其学生共同翻译了这本书，它由南京大学出版社出版，可作为学习美学的工具书。

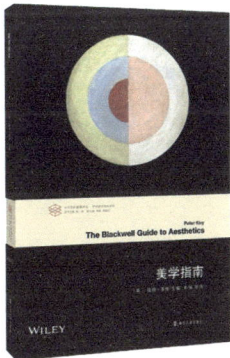

**朱光潜《文艺心理学》**

朱光潜是我国艺术学研究的大家。此书主要介绍西方近代美学，是作者在欧洲留学期间写成的，阐述了美感经验、文艺与道德以及艺术的起源等问题，其中关于19世纪到20世纪初期几种经典的美学理论的总结尤其到位。

**叶朗《美学原理》**

这是一本全面、系统地讲述美学基本原理和基础知识的教科书，同时也是一本研究美学理论核心区的前沿课题的学术著作。本书继承北京大学蔡元培、朱光潜、宗白华的美学传统，立足于中国文化，以"意象"和"体验"为核心，力图融合中西美学的精华。

**本节思考**

1　读过这些书后，你是否对美育有了新的认识和理解？

2　这些书中的哪本书对你影响最大？请将你的心得分享给你的学生。

3　你是否还有其他更好的美育书籍推荐给我们？

## 彭锋说

I    根据艺术在日常语言中的多种用法，艺术教育基本可以被分为4种不同类型，包括艺术专业教育、艺术学术教育、艺术素质教育和教育艺术。

II    中国的艺术专业教育存在3种模式，即欧洲模式、苏联模式和传统的师徒模式。

III    艺术专业教育教授培养艺术家，艺术学术教育培养学者，艺术素质教育培养一种无利害的审美态度。

IV    美就是一个事物在无概念状态下的显现。审美就是自我在无概念、无身份状态下的逗留，那么我和事物作为主体和客体都处在一种最自由、最本能、最活泼的状态，这个状态就是一个审美状态。

V    艺术素质教育带有一定的否定性、批判性、还原性和超越性，它不以能力教育和知识教育为目标，而是以态度教育为目标，最终通过美育达到德育的目的，培养出具有道德的人。

VI    模式一的知识生产只受学术兴趣的指导，模式二的知识生产是针对某个具体的应用目标的生产。模式一的知识以建立理论体系为目的，模式二的知识以解决问题为目标。

# 王　东

北京儿童艺术剧院院长，策划制作多部具有较强市场影响力和票房号召力儿童剧作品，如《想飞的孩子》《巴拉拉小魔仙2之星梦派对》《胡同·com》《足球少年》《团仔圆妞》《戏剧魔法音乐会之音符环游记》《北京童谣》《妈妈眯鸭》《永远永远爱你》等，其中《想飞的孩子》荣获"金狮奖儿童剧目奖"。

1994—1998年，就读于中央工艺美术学院装潢系（本科），2001年9月至2004年7月，就读于清华大学美术学院视觉传达设计系（装潢系）并获得文学硕士学位。2010年书籍设计获德国红点奖（RED DOT），2014年获得中国话剧金狮奖杰出制作人奖。

# 04

Evaluate
Aesthetic
Education

# 评价美育

本章主要从美育行业中所存在的问题出发，从美育的盲维、核心内涵、外化能力、接触点、评价体系等方面展开，阐述审美素养的培养路径和美育评价体系的设定等内容。

# 思维导图

The
Mind
Map

**评价美育**

**美育的盲维**　　盲点与盲维
盲维的后果
穿越美的盲维

**美育的核心内涵**　　感受美的素养
认知美的素养
鉴赏美的素养
想象美的素养
创造美的素养

**美育的外化能力**　　美的感受力
美的认知力
美的鉴赏力
美的想象力
美的创造力

**美育的接触点**　　学校空间
家庭空间
自然空间
社会空间
虚拟空间

**美育的评价体系**　　考评主体
考评方式

**美育评价实践课**

# 4.1

# 美育的盲维

"盲维"是由吴伯凡老师提出的。他认为凡是认知必有盲点，可怕的并不是盲点，而是盲维。比如我们在桌子两侧相对而坐，桌上放着一个盒子，那么我看不到盒子靠近你的那面，你也看不到盒子靠近我的这面，我们之间必然存在盲点。这个盲点并不可怕，因为我们互相知道看不见靠近对方的一面，我们知道盲点的存在，但是盲维却非常可怕，因为我们根本不知道自己不知道这件事情，它不被我们的个人意志所决定。我们有时经常会感受不到另一个维度的存在，这就造成了认知上的缺失。

如果用梁宁老师的"点线面体"的概念来帮助理解盲维：点就是零，可以理解为没有认知；线是一维的，面是二维的，体就是三维的；只陷入一个点，还是能从线、面、体的多维度视角去看待事物，境界会完全不同。例如，你处在一部下降的电梯中，即便你在电梯里做很多向上攀升的努力，你的整体也是下降的；可是如果你在一部上升的电梯中，哪怕你什么都不做，你的整体也是上升的，这就是认知维度的不同所造成的千差万别的结果。

Tips 1
　　　　生活中的美是无处不在的，但却被大家视而不见、听而不闻、触而无感。

就像吴冠中先生所说的，社会中现在很少有文盲，反而到处都是美盲。为什么会这样呢？明明周围美的事物有很多，包括鸟叫虫鸣、音乐绘画等。我认为是盲维让美不被感知，那么美自然也就不会被发现了。就像是我们习惯了平日疲惫的生活和繁忙的工作，长此以往而忽略了家人精心准备的餐食或是日常生活中的布置，这种习以为常的盲维将日常的美好都遮蔽了；反而是有些人可能物质条件并不富裕，但他在自己的生活中却有很多小巧思，很多细节都能够让人感受到他心里的光芒和色彩。

同时，盲维形成以后，不管你在单个维度上多么精进，使用的技术手段多么强，最终得出的都是一个没有多大价值的认知。以剧场效应为例，在演出时，剧场第一排的人若站起，为了看到演出，第二排的人自然也会站起来，那么第三排、第四排的人也会站起来，最后所有人都要站起来观看演出。陷入"内卷"后，我们所做的努力其实是没有突破性的，只是浪费着高昂的时间成本，无休止地忙给别人看，却并不觉得自己是停滞的。

Tips 2　　　　盲维会使我们对于美的认知越来越趋向于"单维"，那样我们的感受力就会越来越退化，最终自缚于圈内。

引文1　　　　夫诗有别材，非关书也；诗有别趣，非关理也。然非多读书、多穷理，则不能极其至。

如果我们只获取学过艺术或精通某种艺术的群体的经验与信息，那些与艺术绝缘的群体问题将被所谓的答案掩盖。尤其是对从事美育或艺术教育的教师来说，我们往往更加关注有天赋、有兴趣的学生，他们乐于交流、肯动脑筋、作业优秀，这就导致我们对于并不擅长艺术的学生缺乏了解和沟通，但现代美育的教育方法，其实更应该关注的反而是这些并不擅长艺术的学生。

对于我们不熟悉的人或事，我们常常是套用已有的"答案"来解释。这样的结果一定是循规蹈矩、刻舟求剑。用礼貌、尊重但足以打破人与人界限的沟通方式，代替寒暄客套或无意义的社交，这样才能更快地在观点上有所交流，探测出对方内心的思考。此时，冲突和失控都是常态，我们应该让自己的认知和思想去实验和博弈，用最小的代价和可承受的失败去纠正和优化我们的认知。

要想穿越美的盲维，我们就必须刺破被答案所掩盖的问题，穿越隐藏了的认知盲维，而改变交流方式最好的方法，就是敢于进行动态火力侦察式的交流。

我们进行美育相关的教学方法研究时，要主动打破自己的盲维，看到、听到、接触到这些与艺术绝缘的群体，让他们与艺术结缘。要知道我们并不是要培养出更多的艺术家，也并不是要让一个人的作品比另一个人更好，而是要让更多的学生能够具备美的素养。

## 本节思考

1　反思自己生活中所存在的盲维，不论其是否属于艺术范畴。

2　对于缺乏艺术天赋或特长的学生应该如何实施美育？

3　你在实施美育的过程中，是否真正做到了突破盲维去寻求问题的答案？

## 4.2

# 美育的核心内涵

国家提倡大力推进美育教育并非凭空而来，而是社会和经济发展到一定阶段后的必然趋势，然而在审美教育变革的初期，无论是大中小学还是培训机构或家庭教育，审美教育的评价体系和标准都偏向学生在不同艺术门类中知识和技巧的考试结果评测。美育的功利化、小众化、概念化是当下美育工作进一步推进的最大障碍。

北京儿童艺术剧院曾做过一个名为"高校参与小学艺术教育"的项目，也就是戏剧教育进学校，但是出现了校长或其他领导层压缩戏剧课程时间的现象。这类项目其实是在缓解北京市教育资源不平衡的问题，也是通过美育来增加非热点学校的竞争力。大多学校都被僵化现实的考核机制所限制，偏向技巧而忽视了艺术的浸润。通过审美教育成为艺术家的人毕竟是少数，因此借助与艺术的接触而获得感受美的能力，对于大多数普通人而言是最重要的收获。

　　这里讲一个真实的案例。一位老师在戏剧教育进学校的授课中发现很多孩子都很兴奋，敢于举手表达，乐于表演呈现，但是有一个孩子十分拘谨，紧张地坐着，什么也不敢说。这位老师就去了解了这个孩子的经历，知道了这个孩子刚从一所地处偏远山区的学校转过来，心里有自卑感，跟周围同学也没有熟悉起来。然后这位老师就格外留意这个孩子。有一次看到这个孩子想要举手可又十分犹豫，老师就叫他站起来回答，他刚要说话，另一个孩子说他不会说，也不会唱，这个孩子就立刻低头坐下去了，但是这位老师关注到了这些细节，专门再次给他机会，让他看到自己的优点，也让别人感受到他其实也有绽放的一面。

Tips 1

老师们一个小小的善举就可能改变孩子们的一生。老师要让孩子能自己和自己相处，感受自己的感受，不自卑、不谄媚、不孤独、不自弃。

　　花在春天绽放的美很容易被人感受，但为了保持树的绿色而被割舍到地上的枯叶之美却很少有人发现。同样，我们美育工作者在授课期间要积极主动地关注艺术绝缘群体，开启美的盲维，让不被关注的学生不再被视而不见、充耳不闻，这正是中共中央办公厅国务院办公厅印发的《关于全面加强和改进新时代学校美育工作的意见》中，美育作为情操教育、心灵教育的意义所在。

　　审美素养是多维度的，它不是偏向于技巧和表现力的能力培养，也不是对于理论概念的知识传达，它的起点一定是心灵的打开和感受力的释放。

Tips 2　　　　　　　审美素养的核心内涵大概包含5个维度，分别是感受美的素养、认知美的素养、鉴赏美的素养、想象美的素养和创造美的素养。

第一，要对美有敏锐的感受。对美的敏锐度通过合理的方式方法进行培养教育是能够提升的。第二，要对美有博学的认知，这是需要学习、记忆、积淀的。第三，要对美有精微的鉴赏。通过精微地分析，精微地感受，精微地训练，鉴赏美的能力能够得以提升。第四，要对美有大胆的想象，要敢于突破标准，具备拓展思维的能力。第五，要对美有不倦的创造。不要害怕阻力，要敢于创造一些新的作品和新的认知。

这5个维度具有内在联系，层层递进，但各有侧重。对测评对象的各维度赋予0~10的不同分值，可在一定的时间节点对测评对象的审美素养做出客观全面的测评。

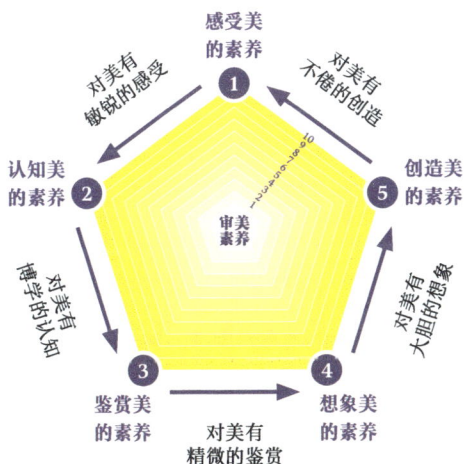

审美素养的核心内涵

对于同样一幅画，同样一段音乐，同样一首诗歌，有的人会无动于衷，有的人则会泪流满面，这是感受力的不同所造成的。其实每个人对于审美素养中5个维度的侧重是不一样的，有的人偏向感受，有的人偏向认知鉴赏，有的人偏向于想象和创造。某个维度上的强或弱都不能成为我们衡量这个人审美素养高低的标准，而是要将各维度结合起来去评价。

相较于当下"一张考卷定优劣"的美育评价方式，审美素养五维评价体系是综合性、立体性、均衡性的评价体系。与中考、高考中的艺术类考试不同，它的评价对象不局限于具备某种艺术天赋的少数人群，而更适用于普通学生，更加普适。此外，在测试题目、评分标准适当调整的情况下，该体系也可用于评价学校、培训机构美育教学体系的个性特色。

## 本节
## 思考

1　你是否遇到过艺术绝缘者？你是如何与他们沟通的？

2　运用审美素养五维评价体系，对自己进行评价。

3　运用审美素养五维评价体系，对你的学生或周围的人进行评价。

# 4.3

# 美育的外化能力

看似抽象的审美素养五维体系，如何显现为可以观测的评价因素？这是美育评价的关键所在。审美素养可观测的因素就是测评对象审美素养的外化能力。

Tips 1

若将抽象的审美核心内涵具体化，美育的评价因素可从审美素养的外化能力入手，分别是美的感受力、美的认知力、美的鉴赏力、美的想象力、美的创造力。

在上节中，我们是从平面状态去看待审美素养的5个维度的。如果我们从立体状态去看这些维度的话，它们会呈现出一个螺旋式上升的结构。首先是对该对象在某一时间点的外化能力进行记录；进而，如果把时间轴延长，通过持续多次记录，我们还可以得出测评对象的审美素养成长变化的立体图表，如右图所示，进而能够

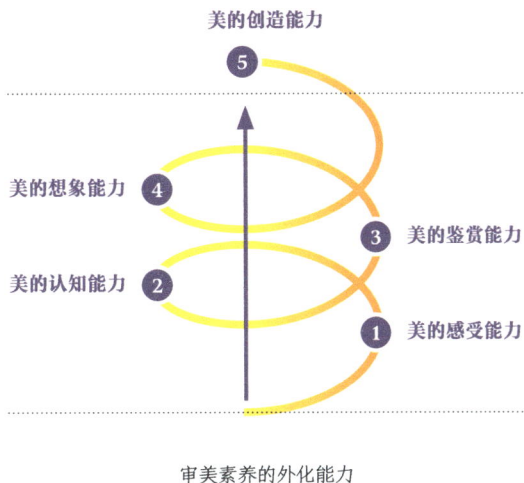

审美素养的外化能力

通过观察分析图表结果，对被测评的个人或教育机构给予更为客观的分析与指导。

这个评价模型所呈现的并非一个线性二维的状态。人一生审美素养的积累和提升是一个立体的、循环往复的、螺旋式上升的过程，不同年龄阶段的循环是互相连接、渐进提升的，因此该体系所做出的评价结果，更倾向于对人的综合审美素养外化能力的评价。

我们可以把孩子的年龄分为3~6(不含)岁、6~9(不含)岁、9~12(不含)岁这3个阶段，如下页图所示。虽然每个阶段的螺旋式循环方式几乎都是一样的，但是各自起点已经不同。孩子的能力随着生理的发展一直在变化，在新的阶段，各个方面都会有更高的拓展。将某个时间点的某种能力看作点，5个维度看作线，一个阶段看作面，不同阶段看作体，就完成了整体的螺旋上升模型。这个模型不针对某种特定的能力，也不针对某个特定的时间，而是对于个体审美素养的综合评判。该模型的意义不仅在于对个体进行美育素养评测，还在于学校、教育机构美育工作的进一步推进。

对应于美育的核心内涵和外化能力，美育工作者应该如何创造相应的环境去培养这些审美能力呢？

Tips 2　　　　第一，创造审美机缘，激活感受能力。

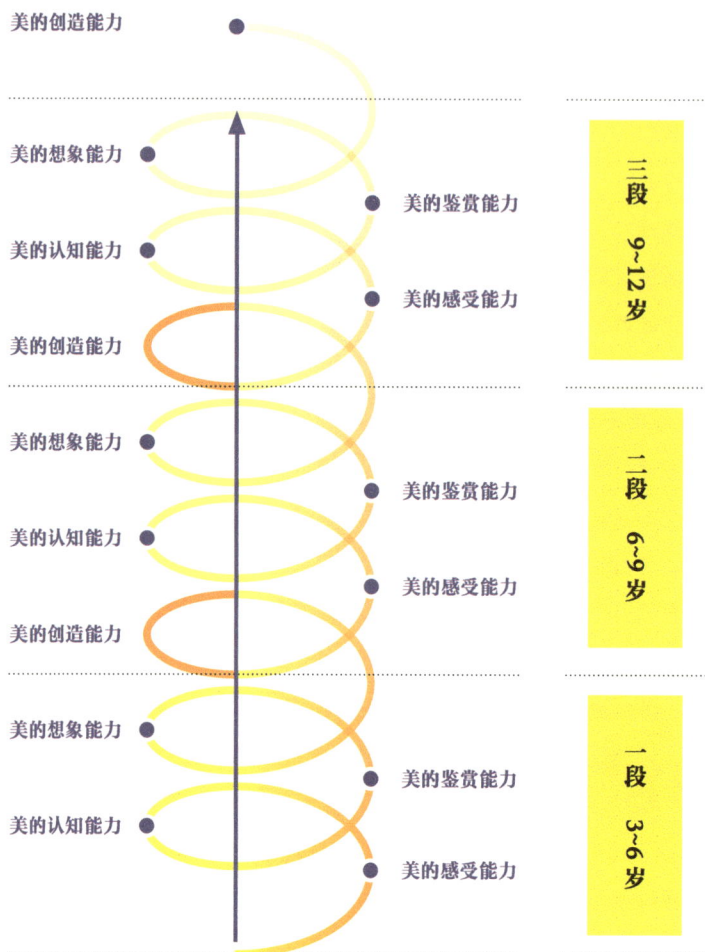

美的创造能力

美的想象能力

美的鉴赏能力

美的认知能力

美的感受能力

美的创造能力

美的想象能力

美的鉴赏能力

美的认知能力

美的感受能力

美的创造能力

美的想象能力

美的鉴赏能力

美的认知能力

美的感受能力

三段　9~12岁

二段　6~9岁

一段　3~6岁

审美素养的外化能力

　　美育要育心。人工智能时代促使我们意识到：人的丰富、细腻的感受力是与逻辑分析同等重要的竞争力。有丰富感受能力的人，就像一块具有很多面的钻石，无论光线是否充足，都能映射出光芒；而缺乏感受能力的人，就像一面镜子，单维的映射能力使他们在光线不好或角度不对时就无法映射出光芒，于是黯然失色。在当今的美育教育中，学校和培训机构对于看得见的美育成果都极为重视，比如能不能做出一台戏剧、一场音乐会、一次绘画展等。当美育仅以作品成果为导向，在本身具有艺术特长的少部分孩子增进了艺术知识和艺术技巧的同时，大部分孩子面对艺术只能望而却步。如何创造审美机缘，让美与所有孩子都不期而遇，是当今审美教育最需要关注、也最被严重忽视的根基问题。

Tips 3

第二，积累审美经验，拓宽认知能力。

如果一个人对美的感受力被激发了出来，兴趣也被调动了起来，就无法绕开知识的积累和技巧的提升了。任何艺术都有前人留下的经验和印记，对由此构成的知识进行学习和分析，有助于积累审美经验，拓宽认知范围，避免闭门造车、坐井观天。其中的重点在于对艺术知识的理解应建立在学生对艺术感性体验的基础上。学生不仅是要用体验去印证知识，还要从体验中学会自己总结出一定的艺术特征和审美规律。

Tips 4

第三，品评审美格调，提升鉴赏能力。

通过积累审美经验，认知能力得以拓展。随着积累的经验越来越丰富，学生对美的差异、品位和格调就有了更深的见解。能独立思考，说出自己的品评观点，不人云亦云，鉴赏美的素养便从此形成了。

Tips 5

第四，破立审美标准，拓展想象能力。

当人的鉴赏能力提升至一定层次后，人们便不再满足于已有的、固化的解释世界的方式，而探索自己的言说方式就会成为新的审美追求。如果地心引力增加两倍，人会长成什么样？因为艺术的目的是道破被答案所隐藏的问题，所以面对这样的或类似的开放式问题，审美素养培养提倡放下惯性思维，通过大胆的想象、追问、抗争、讽刺，启发人们看待世界的视角，激发人们改造世界的想象力。学习艺术，接受审美教育，激发学生独一无二的想象力潜能，是探索一切有生命力的解释世界方式的必经之路。

Tips 6

第五，鼓励审美实践，丰富创造能力。

　　美的创造力是审美素养外化能力的螺旋上升模型中最高的一级。在现实生活里，有美的创造能力并能充分发挥，最终成为艺术家的人毕竟是少数，但创造性思维、创新精神是值得普及和倡导的。各行各业都需要有创造性思维的人才，审美教育对人创造性思维培养的意义亟待重视。

## 本节
## 思考

1　美育的核心内涵和外化能力之间有什么联系？

2　审美素养外化能力的螺旋上升模型在实践中应用可能存在哪些困难？如何解决？

3　谈谈你对于"美育要育心"的理解。

# 4.4

# 美育的接触点

所谓接触点，就是让学生去接触艺术、接触美的点。由于审美素养的提升不是一蹴而就的，而是需要不断积累和渗透的，所以接触点也不是一个点或几个点就够了，更不是直接将这些点简单地展示给学生就可以了，而是要多维度地影响我们想要影响的学生。

Tips 1

学校空间、家庭空间、自然空间、社会空间、虚拟空间，每一个空间都有最适合培养审美素养的特定"接触点"。

全面健全学生的审美素养，仅依靠美术、音乐、戏剧等艺术课是不够的。审美教育必须要通过多维空间的渗透、配合、设计、强化，才能达成对学生审美素养培养的目标；在考虑时间、地点、场合、心情的因素后，这些接触点被策划、设计并组织配合，使审美教育将像"滴灌"一样，以点连线、以线带面、多面成体地构筑起立体的教学网络。通过寻找、聚焦、锁定多维空间里的、学生能够接触到的有效接触点，结合接触点特有的场合，或潜移默化，或循循善诱，或精心设计，在最适合的时间、最巧妙的地点，把美传递给学生。

言传身教、潜移默化是铺陈，正面引导、系统教育是提升，所以美育的环境十分重要。比如校园环境的审美和色彩意识与金钱往往没有太大关系，而是看管理层对美的认知层次，包括学校的门牌、地面、墙壁、桌椅、黑板等易于被学生接触的点是否设计得有趣味或有意境，这些都是对美育观念和教学思考的体现。

Tips 2

在5个美育空间维度中，学校空间是中枢，家庭空间、自然空间、社会空间、虚拟空间往往围绕学校的统筹安排展开，不同空间有不同的功能定位，和而不同。

健全美育教学理论体系务必以审美素养的核心内涵为切入点，以其外化能力为目标，以其培养路径为手段，以其多维空间接触点的选择、组织、配合为抓手，逐步形成由内而外的美育教学规划与实践方案。在最恰当的时间和地点，让学生通过身边的接触点，与美相遇，被美浸润、启迪、温暖、点燃。

5个空间维度中都有各种各样的接触点，如学校空间接触点包括教师的形象美接触点、非艺术类学科的特色美接触点、艺术类学科的格调美接触点、教具的品位美接触点、校园环境的文化美接触点，家庭空间接触点包括家庭成员的形象美接触点、饮食起居的生活美接触点、纪念日的情感美接触点、家具用品的品位美接触

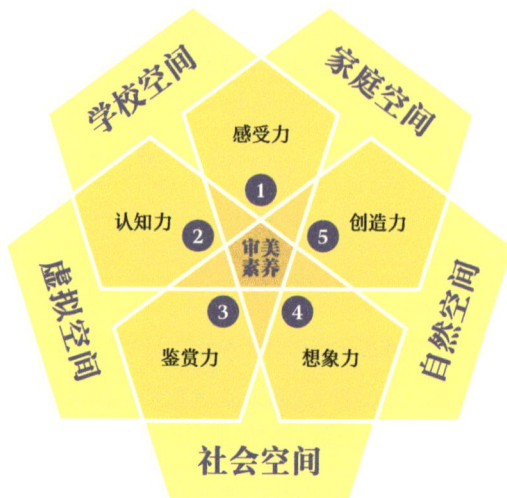

审美素养的多维空间培养路径

点、家庭环境的文化美接触点、自然空间接触点（包括自然活动组织者的形象美接触点）、主题活动的特色美接触点、装备工具的品位美接触点、不同地域景观的意境美接触点。社会空间接触点（包括社会活动组织者的形象美接触点）、实践活动的特色美接触点、活动道具的品位美接触点、活动场所的人文美接触点、虚拟空间接触点（包括虚拟角色的形象美接触点）、虚拟空间和平台的特色美接触点、交互界面设计的品位美接触点、虚拟环境的文化美接触点。

这里以学校空间接触点为例加以详解。

教师的形象美接触点：让孩子因为爱上一位教师而爱上一门学科，这是最为自然高效的教育方式，这对教师的个人魅力、人格修养等方面的要求较高。

非艺术类学科的特色美接触点：美的感受能力的提升不能只在艺术课上完成，所有学科都亟待加强培养美的感受能力的意识，拓展感性的、具有生动视听体验的、鼓励学生实践与提问的教学手段。数学有数学的美，体育有体育的美，美存在于各门学科。美的感受能力的培养绝不仅仅是美术老师的责任，而是所有老师的责任。通过感受多样化的美而爱上多样化的学科，更能拓展人对世界万物所蕴含的美的感受、认知的丰富度和深度。

艺术类学科的格调美接触点：与艺术的邂逅把艺术的火种藏在心里，启发创造

的灵感有时会被点燃，而懂得审美的心一直会被温暖。

教具的品位美接触点：板书、幻灯片及其他教具中的细节，例如文字、色彩、排版等是否有设计感，细节是否能让人感受到情感和关怀。

校园环境的文化美接触点：要把办学理念渗透到环境的设计中，如门窗、桌椅、休息场所、运动场所都需要营造相应的文化氛围。

## 本节思考

1　接触点的含义及作用是什么？

2　参考学校空间接触点的详例，说一说其他空间接触点的具体内容。

3　作为美育工作者，如何塑造个人的形象美和艺术类学科的格调美？

## 4.5

# 美育的评价体系

之前谈到关于审美素养的核心内涵、外化能力、接触点等理论思考，都是为了表达美育不是灌溉，而是浸润；"看不见"的潜移默化远比"看得见"的考核标准更为重要。培根铸魂就是要多做当下"看不见"，未来一定"看得见"的事。

在明确观点的同时，我也希望提出一些思想实验性质的假设：评价美育应该以学生为中心还是以学校的教学综合环境为中心？是用有清晰评价规则的预先设定模式还是模糊的抽样检测模式？是仅以学生的考试成绩为主要标准还是应加入学校美育综合环境的指数评估？

Tips 1

首先，评价美育应偏重于考评学校的教学综合环境，包括教学体系、教师素养、校园环境等因素。

对于美育而言，每一个孩子都像一颗"种子"，而学校、家庭、教师等外部环境与资源就像水源、土地和园丁。美育的教育成果要在至少10年以后才能得以呈现，对于孩子们未来的审美素养，我们现在很难用清晰的分数标准做出准确评判。

"种子"的质量测评，其焦点不应仅仅是针对"种子"当下的"长宽高"相关数据本身，更重要的是"种子"赖以生存的外部环境，因此评价美育应该以学校的教学综合环境为中心。如果教育管理部门将学校美育综合环境的指数评估与该校学生的美育分数挂钩，学校美育综合环境的指数越高，个体学生的美育得分越高，由此作为激励，一定能充分促进学校美育工作的投入与落实。

评价美育以学校的教学综合环境为中心，包括教学体系、教师素养、校园环境等因素，更有助于激发学校在美育工作上的积极性，提升学校的招生竞争优势，在一定程度上使二梯队学校形成自身的审美教育特色，减弱其对一梯队学校资源的争抢现象，助力平衡辖区内学校招生的分流压力。将美育指数引入学校教育评价，促进地区内的教育公平，更重要的是让学校管理层有意愿带领全校师生系统地整合美育工作的深层次资源，实现学校环境"看得见的改变"。

Tips 2

　　其次，评价美育的方式应当为模糊的抽样检测模式而非有清晰评价规则的预先设定模式。

经济学上有一个著名的古德哈特定律，"若一个经济学特征被用作经济指标，那这项指标最终一定会失去其功能，因为人们会开始利用这项指标"。这个定律对美育评测体系的构筑是一个提醒，我们应从程序和方法上避免学校和学生只关注美育中有形的因素，而对其他同样重要的维度选择性忽视。因此，可以告知学校美育评价将着眼于众多与美育有关的多维度教学接触点，但不明确告知将抽验的是哪些。

过去我们总是觉得，所有政策的运行都必须依靠显性的规则，规则越清晰越好，好让我们知道边界在哪里。这是最恰当的方式吗？在这个到处都是"互动事件"的时代，有一个趋势正在形成：越来越多的规则将会是模糊规则。但值得强调的是，模糊规则并不是没有规则。我们认为美育评测体系是一个像围绕着地球的卫星群一样的接触点评测体系，接触点即评测点，学校会很清晰地知道评测点是哪些，但由于其数量众多且分散而无法预知，从而无法作秀，只能长远打算，从细节入手，以达到美育评价体系所特有的"看不见的标准"。

从美育工作激励政策的制定层面，让学校有动力和意愿实现教学综合环境"看得见的改变"。从美育评测的实践层面，让学校能潜心于自身美育特色的挖掘与构建，而不再受制于被动满足评测标准，追求"面面俱到"而失去自身定位。对于考核，我们希望学校获得的是"看得见的改变，看不见的标准"，学生获得的是"无须看见的改变，可以超越的标准"。

当然，这套系统还不完善，研究还在继续，希望该系统能引发美育工作者对于建立健全学校美育综合评价的进一步探讨，共同摸索出符合美育价值的实践路线；在思无界、行有法的理念基础上，思考审美素养的培养路径如何应用，深入探寻"培根铸魂"的美育评价体系的建构方式。

Tips 3

教育工作者之所以被人尊重，是因为他们的工作是当下的奋斗，是良心的事业，未来才能呈现结果。

## 本节
## 思考

1　当美育评价偏重于学校后，学校和教师应做出哪些具体改变？

2　你是否赞成"评价美育的方式为模糊的抽样检测模式"？为什么？

# 4.6

## 美育评价实践课

出于"与美相遇"的理念,我们制作了一系列以"遇见"为主题的儿童剧,包括《遇见梵高》《遇见贝多芬》《遇见李白》《遇见毕加索》等。

《遇见梵高》

《遇见贝多芬》

这个系列的儿童剧每周一个主题,让孩子们能够与最优秀的艺术家相遇,对音乐、美术、舞蹈、诗词等不同领域产生不同的感受力,从而点燃孩子与艺术之间的明灯。这里的"遇见"不仅仅是指观众与美的遇见,更多的是我们在创作戏剧的过程中让更多的孩子参与进来,让更多原本与艺术绝缘的孩子参与进来。比如我们招收的童声合唱团是零基础合唱团,不需要孩子有很好的嗓音特质或音准天赋,就是希望能让孩子与艺术相遇,不被外界因素或自身条件所限制。有的孩子刚来时不敢唱,甚至不敢发出声音,表现得特别不自信,最后却成了合唱团的领唱,这就是通过歌唱来解决心理问题、实现由艺术美育到达心灵美育的目的。

我们认为美的感受力是培养审美素养的起点,也是最难的点。所谓万事开头难,这需要美育工作者去创造环境和机会,在最适合的时间、地点、场合下让孩子感受到润物细无声的美。

# 王东说

I　　童话并不是谎言，但也确实不是答案，而只是一种假设，让我们感受到"美"可能的样子。

II　　思无界、行有法。我们应当质疑习以为常的答案，提出离经叛道的假设，通过思想实验中的冲突、博弈，以尽可能小的代价、可承受的失败去不断纠正、优化我们的认知，穿越认知的盲维。

III　　关注符合"幸存者偏差理论"的"艺术绝缘者"，要比优中选优的艺术竞赛更有意义。

IV　　审美素养的培养，就是让学生能开启敏锐的感受力，并拥有丰富的接触美的经历，其次再通过在认知、鉴赏、想象、创造等不同审美素养层面的历练，实现对美的感知、热爱与创造。

V　　有丰富感受能力的人就像一块多面的钻石，不论光线是否充足都能映射出光芒。

VI　　对于考核，我们希望学校获得的是"看得见的改变，看不见的标准"，学生获得的是"无须看见的改变，可以超越的标准"。

VII　　重视艺术表层的知识和技巧，轻视艺术底层感受能力的激发和培养，其实是当下美育现状最严重的盲维。

# 孙墨青

清华大学出版社艺术编辑室策划编辑，清华大学美术学院社会美育研究所学术委员。从事美育出版传播、美育研究、绘画与写作。研究方向：大学美育、艺术与美育教材建设、美育课程与教学论、美育文献翻译等。

# 05

## 美育实践中的
## 四种角色

本章主要探讨了美育实践中的四种基本角色——学生、教师、同学和家长的不同视角，每个角色在美育中能做什么，以及他们之间彼此启发、碰撞、共享喜悦的有效途径。

# 思维导图

The
Mind
Map

## 美育实践中的四种角色

美育的核心要素　　客观对象——艺术与美
　　　　　　　　　主观对象——人

美育实践中的学生　　艺术的"发现"
　　　　　　　　　艺术的"自觉"

美育实践中的教师　　"博识"的职责
　　　　　　　　　"引导"的职责

美育实践中的同学　　互动的"镜子"
　　　　　　　　　点评的"镜子"
　　　　　　　　　美育是表达感情的媒介

美育实践中的家长　　亲身陪伴
　　　　　　　　　创造机会
　　　　　　　　　做合格的观众

美育实践课举例　　从模仿他人中"发现"与"自觉"
　　　　　　　　从观察近处中"发现"与"自觉"
　　　　　　　　从远近对比中"发现"与"自觉"
　　　　　　　　创作的源头是"自然"，是"发现"
　　　　　　　　从课堂现场发现"教学素材"

# 5.1

# 美育的核心要素

众所周知，"艺考"是艺术教育行业内众人皆知的传统模式，通常也是升入高校进行艺术专业学习的必经之路。"艺考"虽自有它存在的合理性，缺乏成熟扎实的技法会影响艺术的表达，但当艺术中的技术因素被片面强调时，艺术对人的情感塑造、思维启发等方面的作用就被掩盖了，因此"艺考模式"绝非真正的美育。

在现实中，美育有效的关键在于，处理好艺术、审美、教学与人的关系。前3个核心要素常常被大家提起，涵盖了关于艺术的知识、技巧、美学原理、课程设计、教学法等；唯独"人"的要素较少被注意。

而我以为：

Tips 1

> 美育，无论基于何种观念实施，采取何种方法实践，永远应更加靠近人的维度。

阿瑟·丹托在《美的滥用》开头引用了一个有趣的说法：艺术家和美学家之间的关系就像是鸟和鸟类学家一样，看似相关，实则分属两个世界。美育领域也有类似的现象，美育学者和从事一线教学的教师在现实中处于两个不同的领域。一方面，大量研究美育的文章是由具备深厚理论素养的学者写成的，而他们在一线艺术教学上鲜活的经验未必充实；另一方面，无论是在学校还是机构，从事教学的教师常常疲于应对教学大纲、课堂秩序、计划与考核、学生的个人问题，乃至跟家长打交道等琐碎又现实的日常，而对于沉下心来梳理总结和自我提升，时常心有余而力不足。

于是，美育与艺术教育、理论与实践中的真空就形成了，我们似乎并未走出个人的局限，去看到别人眼中美育的模样。那么，我试着从学生、教师、同学和家长4个方面，谈谈美育中人的维度。

**本节
思考**

1　你是否经历过"艺考",如何看待艺考与美育的关系?

2　如果你是美育学者,如何解决教学经验不足的问题?

3　如果你是一线教师,如何解决总结经验与自我提升的问题?

# 5.2

## 美育实践中的学生

美育实践过程中,非常让人担忧的一件事就是,类似于"艺考模式"的教学方法被生硬地平移到了少儿美育中。无论是教学生遵循技法将静物拆解成几何体来表现,还是在科幻主题画中以相似的手法描绘飞在天上的汽车,本质都是订立一个模板和标准,再让学生被动地进行模仿。虽然这样做可以训练"基本功",但对学生审美自主性的唤醒和情感的滋养几乎无济于事,甚至会起到反作用。以美育人的理念一旦落实到一门课,似乎也被想当然地认定应当从"基本功"入手,从模仿前人形成的惯例入手,这恰恰是对美育初衷的一大误会。

Tips 1

在美育中,学生要做的是学会"发现"、养成"自觉",发现事物在美感上的意趣与联系,产生向往美的自觉,增强对生活的感知力和对生命的关心。

首先,我们来看艺术的"发现"。据说,古希腊时期的人们猜想,光是从人的眼睛里发射出来的,当它到达某件事物时,这件事物就被我们"看见"了。这种猜想并不同于我们今天所知晓的物理常识,即认为光是来自某种光源,如太阳或灯,但是它给我们带来美妙的启发，如同我们在欣赏艺术品或观察事物时，不要仅从科学的角度去解读、去剖析，而是要尽可能地去联想。

我们观察事物时，不必追求像摄像机那样客观地、无动于衷地去获取视觉信息，再进行如实的复述，而是带着个人的主观意识，使眼中所捕捉的画面与内心体会产生映照。比如每个人在第一眼看到一个茶杯、一座庭院、一处风景的时候，已经带入了不同的主观意识，从而也产生出各种不同的感受和对事物的认知。

Tips 2

人眼的观看不是中立的，所以当引导学生去观察事物时，应当鼓励他们有意识地去发现、去选择自己的视角，而不是被动等待老师的安排，这就是个人的审美选择的开端。

接着，我们再来看艺术的"自觉"。我们经常说学生是一张白纸，任由周围的环境、教师、家长和社会去涂抹。一个没有学过绘画或者没有太多审美经验的学生，刚刚接触美育时是有很多可能性的。我们希望通过美育，逐渐把学生引向一种审美的自觉，让他们可以在面对没有见过的艺术品或日常生活当中的审美现象时，不再盲目地去相信前辈或者权威对于艺术的既定理解，而是经由教师和周围人的引导、启发，形成属于自己的审美自觉。

**本节思考**

1　在课堂上，你是否会有意识地激发学生去"发现"身边的事与物？这会让学生开启哪些不同寻常的视角？

2　引导学生开启艺术的"自觉"，需要教师首先做出哪些思维转变？

3　除了上述事例，你是否有更好的方式培养学生对艺术的"发现"与"自觉"？

# 5.3

## 美育实践中的教师

身为教师，我们在美育实践中应当扮演什么角色呢?

教师的角色是引路人，应具备"博识"和"引导"两种职责。

"博识"是指教师自身要有庞大的素材储备，要不断更新自身的知识网，尽可能多地向学生展示艺术世界的丰富多彩。更重要的是要帮助学生克服自身的局限和对惯例的依赖心理，帮助他们打开自己的感知，解放自己的想象力，而这是已有的传统和经验所不能替代的。"引导"更考验教师对学生的了解以及是否发自内心尊重与欣赏学生的人性，重在与学生建立起相互的信任，在审慎结合其个性和能力特点的基础上，为学生指出一两条可供其深入学习和实践的道路，为学生的自我发展提供参考。

具体而言，"博识"不仅停留在知识层面，也重在连接专业知识与日常经验。教师应具备善于发现的眼光和融会贯通的思想方法。

下页上图中的3个画面是我在不同时期偶然捕捉到的，3张"人脸"呈现的样式和情态具有某种神奇的相似性，它们分别来自组约某地铁站一角、毕加索的作品和校园某处草坪的侧立面。左边我称之为创意，虽然两只眼睛只占据了几块瓷砖的面积，但由于它们的位置和大小，让人感觉整面墙仿佛是一张人脸，瞬间将整体环境都调动了起来，给人意外和惊喜；中间是幅艺术作品，毕加索用寥寥几笔描绘出一个神态夸张的人物表情；右侧则是生活角落，石板建造的草坪侧立面，露出了部分内部材料结构，如同由一只睁开的眼睛、一只微闭的眼睛和一张小小的嘴巴组成的人的面孔。

纽约某地铁站一角

毕加索作品

校园某处草坪的侧立面

其实我们在学习艺术、从事美育的过程中，在不同时间、不同地点类似的偶遇并不罕见。可能单看每一样事物都很不起眼，但重要的是我们要在教学过程中将它们串联起来并灵活运用。教师们应善于打破经典作品、实用设计与日常生活之间的隔阂，发现不同艺术媒介之间的联系，引导学生平等、真诚地对待每一处风景、每一张画作，学会从看似平凡的日常角落里发现有生命的意象，而不是被困在艺术的经典作品中无法走出去。当真正做到将审美的视角投射在生活中时，学生将来无论从事哪个领域的工作，都会拥有这种善于发现和联系的眼光，并从中取得具有实用性的转化。

半张自画像

在教育方式上，小学美育应注重唤起五感的敏感而非知识性的了解，中学或大学美育应当从课本知识、概念中延伸出来，在激发想象力的同时加强对各种艺术、文化思潮及其社会背景的比较和理解，鼓励学生在真善美的问题上交换各自的看法。下页右图为进行"真实"和"绘画"的比较与互动的创作场景。对于小学生来说，游戏的乐趣大于一切，与其让他们面对伟大艺术家的作品一知半解或无动于衷，不如让他们借助"玩"的方式去建立对于艺术的亲切感知。

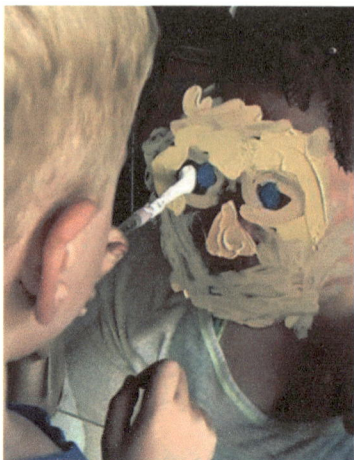

临摹真实的脸

我们可以画半张自画像，如上页右图所示，然后与自己的面孔进行对比，也可以让其他人来画自己并进行对比，认识一下真实的自己、自己笔下的自己和别人眼中的自己有何不同。对于"我是谁""什么才是真实的"，这类绘画游戏会让学生有真切地体验。需要注意的是，教师切勿借此强调学生表现力的差异。右图中同样是对观察视角的培养。让学生用一个透明塑料板去绘画，你会发现他们在构图和用色上会有很多主观的想法，几乎没有人会真的像临摹一样画出一张写实的面孔。在这样的基础之上，当他们再去欣赏艺术史上同样题材的肖像画时，便会产生更深的体会和表达。

课堂的很多东西都是转瞬即逝的，教师必须马上将其捕捉并及时反馈给学生，这样才能保持这些内容的鲜活感，学生在当时当下的场景中的体会也会更加深刻，这是备课时无法预判的部分，也是下课后会"凉掉"的部分。

**本节思考**

1　作为教师，你是否有不断学习的意识？对于艺术的认知，如何实现自我提升？

2　引导学生要张弛有度，如何把握这个"度"？

3　你是否遇到过课堂现场的意外情况？是否想过一个意外的小情况可以转化成生动的教学资源，转化成激发学生感知的契机？

# 5.4

# 美育实践中的同学

学生在学习生涯中总是少不了同学的陪伴，他们可能是"队友"，也可能是"对手"。在美育中，相对于竞争关系，我们更加强调从差异中相互学习，共同成长。那么对每个学生个体而言，同学又扮演了怎样的角色呢？

Tips 1

同学是在美育中最易被忽视的角色，却能发挥"镜子"的作用，帮助学生较早认识到自身的特点。

有时候，艺术大师显得太过遥远，并不能为学生带来切身的感触，但身边同学的一个创意、一件作品、一句话对学生来说反而是鲜活的刺激和激励。我们几位教师合作过一节课，是让学生以小组的形式在火星上设计未来的人类生存空间；学生以4到5人为一组，分工有"科学顾问""艺术总监""执笔人""项目发言人"等。当教师将舞台完全交给学生之后，没有了权威的"指指点点"，学生们不仅积极地群策群力，谁也不愿做队伍中拖后腿的人，更是不断提出富有创意的想法来使整体方案更加完善。因为背景介绍中提及太空中的宇宙射线比地球上的更强，在有一位同学的画中，机器人负责在室外为人类寻找资源，他还特意为机器人搭建了保护层。他解释说，因为担心机器人会被宇宙射线灼伤。这位同学的同理心和美好关怀令人感动和敬佩，而我相信他的这种善意也会悄悄地影响到周围的其他同学，带来正向的反馈。

Tips 2

除了同学之间的互动合作之外，教师对于每位学生的点评也能间接发挥同学作为"镜子"的作用。

　　看到平时熟悉的伙伴在作品中表现出另一面是很有意思的，这些对比和发现会启发其他学生进行更多有趣的尝试和思考。我曾经在一堂课中以版画家埃舍尔的作品为例布置了临摹的作业，并让学生着重体会画面的黑白灰关系，之后发现交上来的作业各有特色。有的聚焦于某一个主要人物，人物画得比较像；有的主动营造不同的构图和空间关系，还赋予人物以动作和情节；有的整体来说比较接近原作，但在细节中加入了创意和演变；有的将人物动作化为舞蹈，体现出统一的节奏感……当学生在艺术实践中不以写实为唯一标准后，他们确实展现出了精彩的一面，这时教师要及时地进行分享并给予肯定。

埃舍尔作品

学生作品

　　我发现在作品点评环节，有些学生往往极其认真，有时他们聚精会神的程度远远超过听你剖析一件经典作品。因为哪怕在一张他画的小纸片上，也有他的视角和感受在其中，所以他会很在意老师和同学们如何看待他的作品；同时他也会留意老师如何点评其他同学的作品，乃至通过作品去重新认识他的同学，发现别的同学在日常生活中不曾显露的情感、想法和态度。

**本节
思考**

　　1　在你的学习生涯中，是否曾将同学当作自己的"镜子"？

　　2　作为教师，点评学生作品时，如何能让他们成为彼此的"镜子"而非对手？

　　3　让学生尝试和同学互画肖像，让他们看看同学眼中的自己和自己眼中的同学。

# 5.5
# 美育实践中的家长

如果把美育看作一个生态圈的话，学生、教师和同学的角色相对来说是比较明确的，那家长究竟占据什么位置、起着什么作用呢？通过与一些家长的沟通，我发现家长的角色并非可有可无，美育并不意味着将孩子全权交付给教师，家长也是可以大有作为的。

Tips 1

家长在美育中的作用更多体现在"亲身陪伴"与"做合格的观众"这两方面。

许多家长存在一种误区，即希望在孩子的美育过程中树立一种家长权威，甚至不惜传递错误和僵化的认知，不论自己对艺术体会的深浅，都要在孩子面前表现出很"懂"的样子。慕尼黑是我曾经生活多年的城市，我常常能在那里看到许多家长带着孩子来到各种美术馆、博物馆、画廊游览。其实对很小的孩子来说，不论父母的艺术修养如何，他都无法对艺术史和美学有成人化的认识。这时我们不妨反过来看，父母虽不能教授艺术方面的专业知识，但肯陪伴孩子共享一段艺术时光，也是一种气氛熏陶和培养孩子良好审美习惯的方式。

慕尼黑老绘画陈列馆（孙墨青 摄）

法兰克福美术馆（孙墨青 摄）

　　现在的一些公立博物馆、美术馆已免费向公众开放，家长可以把逛博物馆作为家庭活动的一部分。家长并非每一次都要抱着增长多少文化、学到多少知识的目的带孩子逛博物馆，而是要通过这样的活动帮助孩子逐渐建立起对艺术的兴趣。这种兴趣当然不局限于绘画，而是各种层面意义上的艺术都可以，包括音乐、建筑、时尚、设计、戏剧、电影等。一方面，家长不应满足于把孩子扔在培训班和游乐园，并不管不问；另一方面，家长可以减轻心理负担，轻松、真诚和低姿态地陪伴孩子，并为孩子接触各式各样的艺术活动创造机会。

Tips 2

　　　　　此外，家长还可以用生活中的小细节来激发孩子的创造力。

　　右图所示是一块绿色抹布偶然搭在了木柱头上，形成了一个人像的轮廓；于是，我在拍下的照片上点出了眼睛、鼻子和嘴。这种小游戏相信每个家长都可以做到，其实形式不重要，重要

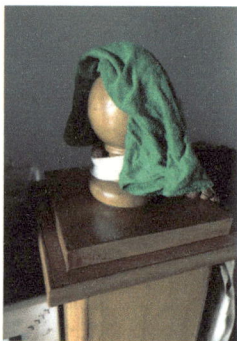 

原照片　　　　　　　　　修改后照片

的是家长愿意以闲适的心情和孩子一起做这样的尝试。

　　家长还可以通过欣赏和赞美孩子的作品，听孩子讲讲绘画时的想法和感受，成为孩子"最好的观众"，同时通过画面去了解孩子内心的感受，包括他的兴奋、苦闷和愿望，更全面地认识自己的孩子，营造彼此理解和体谅的家庭氛围。

　　说到底，美育本质上是一种豁达、有温度的教育。我想借用爱因斯坦在《培养独立思考的教育》中的一段话来表达教育可以追求的深度，他说："只教人专业知识是不够的，这种教育培养出来的人可以成为一个有用的机器，却成不了一个人格完整的人，重要的是要让学生对价值有所理解，并获得切身的感受。学生必须对何为美以及何为

道德上的善有敏锐的辨识力，否则只是靠那点专业知识，学生更像设定了程序的机器，而不是一个均衡发展的人。学生必须学会理解他人的动机、幻想以及所遭受的苦难，以便获得正确的态度与他的同胞及其共同体相处。学校的目标必须是培养能独立行动和思考的个人，而这些个人又把社会服务视为他们最重要的生活任务。"

　　大家可能认为美育的目标十分遥远，以至于力不能及，而这其实是妄自菲薄。前人所提出来的教育理念，只能通过我们每个人一步步地践行来检验，而每个人往前迈出的一小步都是很有意义的，无论你身为学生、教师还是家长。

## 本节 思考

1　本节重点讲了家长在美育中的"陪伴"角色，你觉得应该如何实现高质量的"陪伴"？

2　你尝试过和孩子一起画画、做手工吗？当孩子对你讲他对一幅画、一首曲子的感受时，你是认真在听吗？

3　你是不是孩子"合格的观众"？如何才算是"合格的观众"？

# 5.6

下面以3个事例来具体说明如何培养学生对艺术的"发现"与"自觉"。

# 美育实践课举例

### 事例一　从有针对性的临摹中"发现"与"自觉"

　　当我们通过美术来切入美育，在入门时期需要让学生认识什么是视觉的语言，并学会运用视觉语言来表现事物、表达情感时，临摹是一种常见的方法。前面提到将机械的模仿等同于美育是一种误会，因此临摹的关键在于使学生正确认识模仿与创造的关系，并巧妙地加以引导。这里说的临摹，重点在于培养学生主动运用视觉语言的方法，而不在于画得和范本一模一样。

毕加索《斗牛》系列之一（1959年）

学生史文奇作品

比如我在讲解画面黑白灰的构成关系时，会拿毕加索、八大山人的作品举例。上左这幅作品使用的元素和技巧似乎并不复杂，利用巨大的阴影形成一个黑空间来反衬其中白色的焦点人物，同时在右下方把黑白灰的关系颠倒过来，形成了一种强烈的对比。这样的举例只是为了让学生认识主动运用黑白灰可以产生的表现张力，我并未要求学生去套用毕加索的模式，但有的学生对这幅作品产生了深刻的印象，进而画出了上右的作业，巧妙地将这种黑白灰关系运用到风景题材之中，体现出了其对这种视觉语言的理解。

用画笔临摹名画是一种方式，让学生以表演的方式来体会画作，也是另一种"不用画笔的临摹"，能让学生更生动地体会画中的人物动态、关系、画面构图等因素。

**事例二　从观察近处中"发现"与"自觉"**

我希望引导学生去突破对素描的固有认识。大部分人都觉得素描的基础训练就是静物，然而事实并非如此，我们日常生活中的所有物品都是可以入素描画的。经过引导的学生会很快进入角色，找到了自己感兴趣的点。此外，让学生参与写生场景的设计，同样是对构图的学习，不应放过每一个可以锻炼审美眼光的机会。

在右图中，右上的学生被墙上的洞所吸引，不仅如此，他还把自己撑住墙的脚

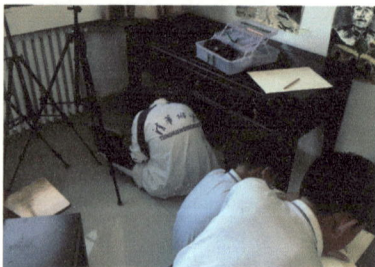

素描写生场景展示

画进了画面中，令构图更加有趣，也为作品增加了一个关键的层次和空间进深；上页右下图的学生则对桌子下方墙角的水管非常感兴趣，她宁可用一个可能不是特别舒服的姿势去观察，去描绘她自己选择的"艺术对象"。

需要特别一提的是，在这节课中，我并未规定学生不能画桌上摆出的静物，但是当学生被鼓励去捕捉和观察自己喜欢的事物时，每个人都选择了不同的场景，这就展现了个人的审美选择。

**事例三　从模糊、开放的题目中"发现"与"自觉"**

在设置实践作业时，拟定抽象的题目有时能给学生更大的发挥空间。右图，是一幅主题为"远与近"的学生作品。通常在美术课上，教师都会确定一个比较具体的题目，但是"远与近"这个主题就比较模糊，并不聚焦于某一个人或某一个物，而是侧重于训练学生构图的主动性。

学生作品

有的学生选择了墙角的笤帚和垃圾桶，有的学生选择了演示电视的背面。右上图这幅画的作者则选择了教室中堆放杂物的一个角落，尤其在近景的构图中，选择两盏落地灯，灯罩碰在一起，仿佛两个人低头在做亲密的交谈。据这位学生说，她就是看到这个场景产生了这样的联想，才会想要去捕捉、去描绘。虽然学生们绘画的方式还是比较常规，采用的多是传统的写实素描，但他们的眼光已经开始有所不同了。

作为教师，我们要尽可能捕捉和放大学生在实践过程中转瞬即逝的想法和亮点，及时反馈和鼓励学生，这些微小的举动是美育的活性的具体体现，会潜移默化地影响学生的成长，使学生慢慢树立面对艺术的自信。

下面以两个例子来具体说明教师应当如何扮演引路人的角色。

**事例一　创作的源头是"自然"，是"发现"**

我在一次散步的时候，在路上看到了一些水洼，树在水面形成的倒影与周围的

图1　　　　　　　　图2　　　　　　　　图3　　　　　　　　图4

路面既有反差又相映成趣（图1）。我便由此产生了灵感，以一张雕刻图案剩下的镂空画纸（原本是"废弃材料"）作为取景器，将它放在我的另一幅自然风景画之上呈现出新的画面，不断变换上层画纸和下层画作的相对位置便能形成各种各样的效果如（图2，图3）；将镂空的画纸贴在窗户玻璃上，将它作为大自然的取景器，便可以看到另外一番有趣的意象（图4）。

　　作为教师，自己首先要冲破狭义艺术的束缚，善于从大自然、从生活中发现美的事物，并将其引入课堂之中，引导学生去发现，并帮助学生将这些发现转化为艺术创造，最终使他们在脱离课堂后也能拥有这样的眼光、能力和审美习惯。

**事例二　从课堂现场发现"教学素材"**

　　一位负责的教师总是会很积极地备课，但课堂中难免会有种种意外和偶然，尤其是在鼓励个性化表达的艺术课堂中。右图是在一堂构图课上，学生面对石膏头像，一边观察一边使用经典手势进行取景构图；而从石膏头像的角度去看仿佛它也在"观察学生"。这样就改变了观察者和被观察者的关系。我拍下这一画面并在这节课的作品讲评中进行分享，让学生留心

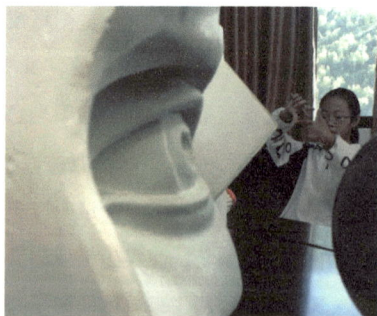

使用手势取景构图（孙墨青 摄）

观看视角的丰富性，引导他们主动去转变观察与思考的视角，并运用这种具有张力的构图方式来拓展表现力。

## 孙墨青说

I    美育的作用之一就是把被艺术作品所启发的观察视角化用在生活中，当学生走出校园的时候，可以调动起这种发现的眼光，实现一个个具体且有意义的转化。

II    各种各样的审美或视觉语言都可看作是联通的，既没有民族的区隔，也没有学派和风格的界限。要像海绵一样去广博地吸收，才能更全面地认识自己的文化，审视自身的创造。

III    我发现在作品点评环节，有些学生往往极其认真，有时他们聚精会神的程度远远超过听你剖析一件大师的作品。

IV    我更鼓励大家保持一种开放的、敏感的眼光，因为不论是艺术家还是业余爱好者，他想创作或创造出什么，首先取决于他的眼光如何去捕捉和观看。

V    其实文学描写中常用的手法，以及绘画上的构图问题，都关乎一种美的心境——同情心。

VI    当学生对自己、对他人、对世界都没有建立丰满的认知时，社会责任感只会显得很遥远。在面对自己的画纸时要自信，在欣赏别人的作品时要尊重他人的感受和观点。

美育
教学
方法论

Practice
Chapters

# 甄 巍

北京师范大学艺术与传媒学院副院长，教授，博士生导师，京师美术馆馆长。中美富布赖特学者，德国杜塞尔多夫国际驻地艺术家，《艺道》集刊主编。教育部"马工程"教材《艺术学概论》专家组成员，撰稿人；"中国基础教育质量监测协同创新中心"艺术教育测评美术学科首席专家；教育部美术学类专业教学指导委员会委员；国家义务教育课程标准修订美术学科组成员；中国教育学会美术教育专业委员会理事。主要课程和学术领域：素描、色彩、油画、现代美术史、中外美术比较、美术教育、数字艺术。

# 06

## 美育中的
## 图像识读

Image Recognition
in
Aesthetic Education

本章主要从当今时代的变化和大众对艺术教育的需求出发，以"图像"为核心概念，探讨图像识读及视觉文化在美育和艺术学科核心素养中的重要作用，并结合中西文化差异，尽可能全面且充分地展示对于"图像"的认识和理解。

# 6.1

# 美育的核心要素

美术教育的五大核心素养：图像识读、美术表现、审美判断、创意实践及文化理解。其中的"图像识读"指对美术作品、图像、影像以及其他视觉符号的观看识别和解读。而我们今天探讨的"图像"是一个比较大的概念，意味着我们作为一个美育工作者，在实践和理论中应培养图像的意识，而这种意识会决定或是影响我们的教育理念、方法和能力。

审美素养与图像的联系十分紧密，涉及生活中的方方面面，包括视觉文化、思维导图、审美情趣、设计应用、创意表现、信息可视化等。美育的发展就是要帮助我们以形象的方式去解决生活中的各种问题。

Tips 1

图像作为一种媒介，体现出一种思维的方式，一种工具性的特质，同时还有一种审美性的价值。

其实大环境中存在一些固有的观念或误解，很多人提到图像，就将其与写实以及对现实世界的写真联系起来，认为形象必须来自"眼见的"生活，但实际上图像的含义要广阔许多。写实、写真是用一个图像来展示自己看见过且普遍认识的东西，但其中微妙的差别在于所见非事实，个人所见、所述与他人的经验不一，所以模仿现实和图像呈现的过程中存在着很多的环节，并非与真实画等号。

以"像"字来源为例，《韩非子·解老篇》中写道："人希见生象，而得死象之骨，按其图以想其生也。故诸人之所以意想者，皆谓之象也。"可见"象"字的甲骨文是由于古代人们很少能够见到活的大象，只知道象牙很美，得到死象的骨头后，按照骨头的形状加以想象，然后画出大象生前的样子而产生的，由此人们所意想出的事物便都可称之为"象"。《说文解字》中有："然韩非之前或只有象字，无像字。

韩非以后小篆即作像。……凡形像、图像、想像字皆当从人，而学者多作象，象行而像废矣。"说明"像"字即为在"象"字旁加入一个"人"，这展现了人的意象、意念对于图像形成的作用。我们作为教育工作者，一定要破除写实的执念，意识到所见非真，图像未必源于眼见。

"象"字的甲骨文　　　　"象"字的金文　　　　"象"字的小篆　　　　"像"字的小篆

图像其实有很多的来源，其中亲身所感的生活是非常重要的来源。我们也提倡孩子去观察生活，体验生活的细节，但这些不是图像认知的全部。图像很有可能来自传统文化或现有的符号，包括文字等可视化的信息。我们甚至可以用"信息"这个词来代替"图像"，这是在未来的数字化时代中，我们应该采取的一种态度。

图像能够表达的内容是极其丰富的，除了可以表示一种具体的形态以外，还可以表情、表意和表态。

　　　　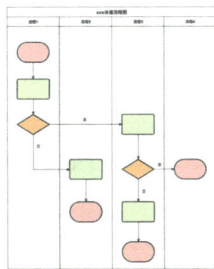

表情　　　　　　　　　　表意　　　　　　　　　　表态

"表情"是指表达情感，例如用微信跟朋友聊天时会使用各种各样的表情包，大家对其通常都心领神会，一个心形表达情感爱、一朵花表示赞赏、祝贺等。

"表意"是指表达思想、思维，比如说思维导图、报告图表等。例如球队教练需要画出运动员的场上布阵图，军事领导者要画出军队的战法和阵型等，设计师和工程师要画出尺寸图、三视图等。

"表态"则指表达态度、立场，例如海报、标语、插图漫画等，这些都是在表达态度，表达创作者的立场和价值观。

"大美术"的概念是从真善美和图像的关系，扩展到世界上一切存在的呈现方式的总和，对应着"大图像"的概念。换句话说，其实我们身边的一切都是美育应该关注的图像，这些图像都能够转化为信息帮助我们沟通。同时，我们也需要用"图像"这样一种概念形式来呈现我们的思维方式。我们需要把"大美术""大图像"的概念放入美育的大花瓶中，让它们与科技产生联系，使它们和情感挂钩、和艺术史的内容连接。同时，我们也要在日常生活中应用"大美术""大图像"的概念去改造我们的生活，这也可以成为我们在自我塑造的过程中的一种终身学习的思维逻辑。

即使是研究哲学也需要逻辑形式的分析，需要将结构可视化，这源于我们人类吸取和获取信息的方式以图像识读为主。当你习惯用形象和艺术的方法来表达的时候，你就能更好地理解空间中事物的关系，并且能够在其他学科中运用图像的分析语言。当然图像不是一切，文字或是数学模型也很重要，我们不要盲目认为"美术能解决一切问题"，但我们应当看到图像在美育中的核心基础作用。

# 6.2

# 图像的变与不变

随着科技和生产力的发展，人类文明的传播方式发生了变化。在信息的数量和质量都不断增长的同时，艺术的内容与主体都发生了变化。谁在创造艺术，谁在宣传艺术，谁在使用艺术，以及如何去教授艺术，都需要重新思考。

从口口相传到象形文字，再到印刷术和摄影技术的出现，图像把人类的文明固定了下来。在新媒体时代，人们的嗅觉、触觉、味觉等也都越来越丰富，常常同时运用多种感官来感受信息，但其中依然是视觉占主导，因为绝大多数人还是以观看的方式来获取信息的，包括看书、看电视和手机等，以及观察周边的人、事、物等。

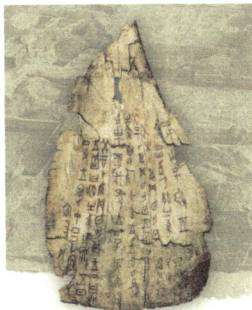

图像随时代的变迁

　　当然同时我们也要看到一些不变的东西，比如图像所具有的文化理解功能。图像帮助我们理解不同的文化，理解我们的祖先、亲人和朋友。在所有的物种中，几乎只有人类特别注重社会和历史性的传承，会创造出不同文化之间相互理解的状态。当我们进入一种异质文化中时，我们面对不同的国家和民族，在不同的地域和社群之间交流，艺术作品能够为我们提供一种共情和理解的方式。

　　右图是 1945 年一个 12 岁孩子的绘画，名为《妈妈走了》。只要看到这幅画，就能够感受到非常悲痛和愤怒的情绪。画面呈现出强烈的色彩、明暗冲突，浓密的阴影带来不祥的预感，表现出孩子对于"妈妈走了"所产生的复杂感情，以及她眼中冷酷悲惨的世界。这种思想的传达不分国籍、性别、年龄、职业等，体现出图像所具有的跨界交流作用，这是文字和语言难以带来的。

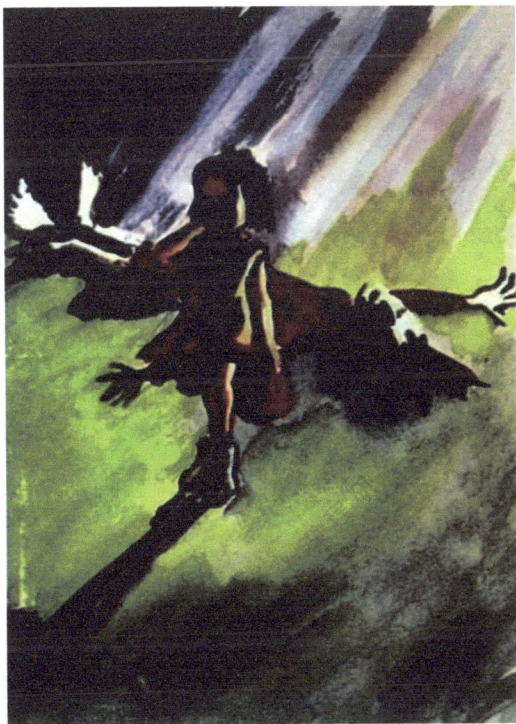

《妈妈走了》

# 6.3

# 图像的理解

在今天的美育教学里面，图像绝不仅仅为了美，它包含着我们的思维和文化中的多元的价值观念。图像还可以拓展我们对美育的思路，打开新的审美境界。我们应当抛弃掉那些认为"图像只能是美的"的误读，审美判断远不是美育的全部。我们要学会从图像的创造中欣赏、识别和批判。

右图是美国麻省理工学院生命科学院的一面墙壁，上面悬挂着多幅病毒细胞在显微镜下的图像，它们通过艺术化的上色后以展览的方式呈现出来。这样的图像无法单纯从"美"或"丑"的角度去评判，而是能够引发人的遐想和思考，尤其在它所处的科研环境之下。不论是在此工作的科学家，还是

病毒细胞在显微镜下的图像

上课的学生，抑或是与该学科无关的人士，看到后都会产生不同的理解。

之所以说艺术教育的核心是图像，是因为图像是理解当今世界一切存在的钥匙。这把钥匙我们要交到老师和学生的手里，让它发挥更大的、未知的作用。图像是读图时代的词语，口头语言、文字符号、数理公式等都是沟通的重要媒介，而且图像、符号或文字各有所长，也各有所短，互为补充。如今手机的屏幕越来越大，图像越来越多，读图速度越来越快，且图片更多地变成了影像。图像形成了一种巨大的信息洪流，把我们包围其中，我们的学习方式也变成以观看视频为主，这些就是图像时代的体现。我们需要领会和理解这个时代的来临，知道如何面对它，并用图像去影响和帮助我们的孩子。

我们的视角、观点、立场都能够通过图像呈现出来，且这些图像不只是平面的，还可以是立体的；不光是立体的，还可以是运动的。今天我们对图像的认知和理解一定是基于多重空间的，在一个不完全静止的、运动的，甚至是交互的、多重的维度之上。

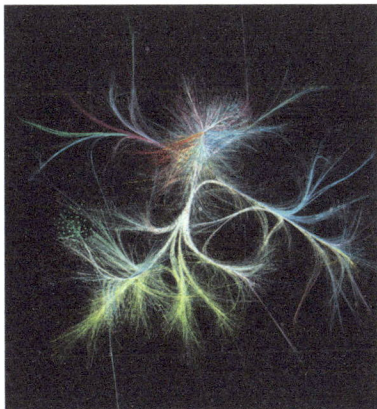

可视化论文网络

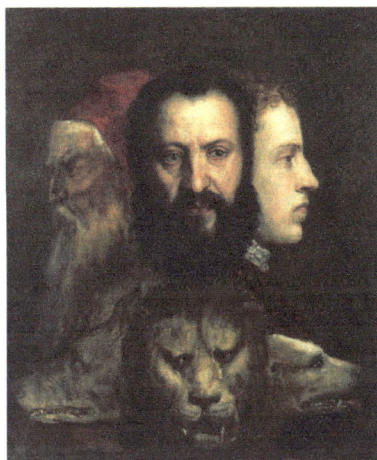

提香《智慧的寓言》

《自然》杂志曾通过一个视频将150年来所发表的论文编织成一个互联网络，并把每篇论文所带来的影响可视化呈现。我们可以看到知识能够形成一种网络，每一学科领域之间都有着紧密的关系，仿佛宇宙一样。其实我们对宇宙的理解，或者说整个微观和宏观世界都是用图像的方法建构起来的。

我们在观看图像时会生发出一种自我意识或自我认知，它们甚至能跟我们的宇宙观产生联系。就像照镜子一样，当我们看很多图像时，其实是在看自己，看自己世界的映射。我们在创作图像的时候，实际上画的是一种世界观、宇宙观，画的是我们认为的人和宇宙的关系，人和人之间的关系，人和自我的关系。而在美术教育中，如何对图像进行阐释是一个非常重要的问题，其实就是运用描述、分析、解释、评价四步法来阐释，但不同的人基于自己的逻辑思维、知识积累和切身体验会产生不同的阐释。

以提香的作品《智慧的寓言》为例，这是一幅左中右结构的喻体绘画，画上的箴言意为"在过去的基础上，谨慎现在的行为，使得将来不至于草率"。艺术史学家帕诺夫斯基认为这是一幅表现时间的寓言画，3个人物头像代表3个不同年龄段的人，象征着明智的过去、现在和未来，并断定左边的头像为画家自己，中间和右侧的头像分别是画家的儿子和孙子。而根据马克罗比乌斯的描述，画面下方的三头怪中，左侧的狼头代表吞噬回忆的过去，中间的狮子头代表正在行动的现在，右侧的狗头代表在希望中成长的未来。但在我们普通大众的眼里，可能对画作的第一印象既非比喻，也非寓言，与时间和人物也并不相关，而是会产生恐惧或警示的直觉，这就是对图像阐述时各种主观、客观因素叠加后产生的不同观点。

还有梵高的作品《一双鞋子》，哲学家海德格尔认为这是一双农妇的鞋子，并联系到鞋子与大地之间亲密而浪漫的关系，将鞋子的存在诗意化，是重视艺术带来个人体验的表现。艺术史学家夏皮罗则指出这双鞋子并非农妇的鞋子，而是梵高自己穿过的鞋子，并反对将个人体验作为真理，认为艺术品是艺术家内在世界的外在表达。后现代文化理论学家詹姆森却认为艺术承担着把现实乌托邦化和揭示事物意义这两种使命，因此海德格尔的理论属于艺术"补偿"了现实，也是具有合理性

梵高《一双鞋子》

"X光画"

的。解构主义思潮创始人德里达则以"这是谁的鞋？这鞋是谁？"两个问题来揭示这双鞋子不属于任何人，它只是一种画中之画的寓像，要注意这是一幅画，而不是鞋子。

基于以上的辩证观点，我国著名艺术史学家高名潞认为，这说明了传统艺术再现与后现代理论的区别，争论的过程也反映出艺术的变化、艺术认知的变化和对艺术图像阐述的变化，由此可见美术学科与美术叙事在不断发展变化，是从经典美术（艺术家和作品）向视觉文化（工艺美术、生活景观等），再向人自身与外在相处关系的逐步转化。

在当今全球化的时代，图像已经成为文字之外最重要的媒介，且二者各有所长，互为补充，因此一切可视可感的问题，都是美育应该关注的领域。艺术与科学的不同之处在于，在理性、逻辑之外，艺术还相信知觉与直觉、关注情感与表达、

接纳错误与空白、欣赏差异与不同，尤其是在对待不同地域民族的世界观上，艺术比科学更能做到一视同仁。

比如上页下图展示的澳大利亚土著人的"X光画"，他们画袋鼠、鸵鸟等动物时会把它们体内的骨骼也画出来，甚至会清楚地分辨脊椎、心脏的位置，而且他们的作品中不存在现代美术科学规律，近大远小、透视、立体等概念均不存在，风景画中也不存在地平线，所有的事物都是平面铺陈的。这是一种不同于我们所熟悉视角的特殊视角，也反映出澳大利亚土著人特殊的世界观和本质内在，他们将一切事物，不论是植物、动物，还是没有生命的物体，都进行了生命化的想象，甚至上升到符号象征、图腾的崇拜高度。

再比如涂鸦艺术家基斯·哈林所推崇的波普风格，其与传统的写实艺术大相径庭，却是一种非常重要的表达方式。简单流畅的线条、欢快明亮的卡通形象不仅有着很强的游戏娱乐感，还让这种艺术更容易传播并被大众接受，同时也将每幅作品背后的意义更快速地传达到每个人心中，尤其是他创作的空心小人已经成为标志性的文化符号。

空心小人

在地铁、街头或艺术展区等场所绘制涂鸦已经成为一种新的艺术形式。从一开始被人认为是乱涂乱画、难登大雅之堂，到画廊举办涂鸦展览、博物馆收藏涂鸦作品，展现了艺术的包容性。每一种艺术视觉图像的呈现都反映了创作者特有的语境，各种各样的语境展示出多种多样的文明和文化，并推动文明互鉴和人类文明的整体发展。当下的美育就非常重视文化理解能力的培养。

意大利著名的艺术史学家阿尔贝蒂对图像的定义是：大自然的东西，如树根，只有在显示出人类加工的痕迹时，才能被看作一种图像。这是一种偏向于物质图像的说法，对于符号性的、只存在于脑海中的或虚拟的图像有所忽略，比较强调人对于物的创造和加工，带有一些功利的性质。同时这句话很容易被误解成必须是人画出来的才算是图像，但也不尽然，比如人类加工不一定是要画出大自然的风景，拍一张照片同样算是一种加工，也可以称其为图像。如果是一个纯粹的大自然的草坪，它在阿尔贝蒂的概念中就不能叫作图像，但是它如果被人画出来或者拍了照，或者在其中捡一片叶子做成书签、剪一朵花插在花瓶中，就形成了图像。

在艺术或美育中，经常会有偶然的加工，如对原本无意义的东西进行裁剪，对无法辨认的形象进行修整，这些都会产生出其不意的效果。比如右图是法国作家雨果的画作，众所周知他是一位大文豪，但很少有人知道他也擅长绘画创作。虽然他自己相当低调，只是把画画当作消遣娱乐，可是他充满想象力的墨迹画仍令人震撼。

对于图像的阐释和解读是一种文化现象，而创造图像本身是一个行为的过程。我们在对图像的理解中，一方面认为它是一个现有的存在物，另一方面要去理解其创造行为。美术史中有一个概念叫"图像行为学"，即专门研究图像产生的过程。例如下页那幅画是清代画家石涛所绘的《西园雅集图》的局部，这是一种表示文人聚会的经典图示，其中就出现了中国古代文人以诗书礼

雨果《别离十三年》

雨果《想象风景中的隐居者》

乐、琴棋书画的方式聚会交往的场面。由此，我们发现从很早的时候，图像的产生就有具体的行为模式作为背景了，所以我们不仅要在美育的教学中关注图像呈现的样式，也要关注它产生的过程、情境和场面。

石涛《西园雅集图》（局部）

# 6.4
# 建立个人图像库

随着艺术与其他学科之间的联系越来越紧密，美育也越来越关注人的自身和外在相处关系的转化，一方面是人怎么认识自我、怎么看待图像，另一方是人如何通过图像与外在建立联系。比如拉康的精神分析学说中提到的目光注视理论认为注视关系的建立使得观看者同时也被他所观看的东西观看。同样，我们看一幅肖像画，画中的人和我们也会产生特殊的注视关系。现代图像视觉理论也经常用到这种阐释，因此我们经常强调建立个人图像库的必要性。

Tips 1

每一个人都应当建立自己的个人图像库，因为关系建立在记忆的基础上。

　　艺术素养的教育就是要关注最基本的理论，因为视觉经验既是感官又是思想，它可以形成一种观点，并由此去影响我们对于美的理解和对于图像的阐释。

　　人类的感知是通过神经元建立的，当感知和数据之间形成了某种关联时，很有可能就会产生一种人机关系，而特殊的人机关系将来会演变为特殊的图像关系。我们的艺术审美将会面临更大的挑战，是虚与实、真与假之间的关系的挑战。这就对我们的感知能力和视觉判断能力提出了更高的要求。

Tips 2　　　　　　　　　　当传播和展示变得越来越具有控制力时，我们更不应变成图像和媒介的奴隶。

　　在未来世界，我们的艺术审美将面临更大的挑战，我们的知识能力和视觉判断力必须有所提高。想要不被计算机控制、不被不当的理论控制、不被网络的大数据控制，我们就要锻炼自己的感知能力、直觉能力和批判能力，学会创造图像并向别人传播图像内的观点。在图像时代，审美教育核心内容的体现就是图像，我们一定要紧紧抓住这个核心的脉络，通过美育帮助自己建立个人图像库，提升个人的审美判断和信息识读能力。

# 6.5

## 美育与图像识读 实践课      传统图像的 认识

## 陈家祠灰塑

| | |
|---|---|
| 课　时 | 1~2小时每节课 |

| | |
|---|---|
| 年　龄 | 6~12岁 |

| | |
|---|---|
| 课程体系 | 了解陈家祠灰塑的造型特征<br>运用平面构成中的点、线、面元素表现灰塑造型<br>通过学习灰塑造型及特征，了解岭南文化的内涵 |

| 课程内容 | 认识<br>陈家祠灰塑 | 展示陈家祠灰塑的图片，引导学生进行图案分析 |
|---|---|---|
| | 准备<br>创作材料 | 准备白卡纸、橡皮、铅笔、粗细不同的针管笔及各类可用于涂色的笔等 |
| | 设计<br>灰塑图案 | 观察陈家祠灰塑中的图案元素，选定设计主题，确定创作内容和创作手法，逐步进行刻画 |
| | 学生作品展示 | |

# 认识
# 陈家祠灰塑

**本课程的主题是从陈家祠建筑历史及文化典故中了解岭南文化的内涵。教师需引导学生从图片中观察灰塑图案的造型特征，并从中认识和了解岭南文化溯源及地方特色，让学生感受地域文化发展过程及文化的创新。**

　　陈家祠位于广州市中山七路，又称陈氏书院，是岭南地区迄今为止保存最完整、特色最鲜明的清代民间宗祠建筑之一。陈家祠被考古学专家誉为："天工人可代，人工天不如；果然造世界，胜读十年书。"

　　灰塑是岭南地区传统建筑特有的室外装饰，以石灰为主要材料，拌上稻草、草纸、糯米粉等制成草筋灰或纸筋灰。灰塑需要现场塑造造型，待干后再涂绘上各种色彩，因此大家千万不要认为灰塑就是灰色的。

　　陈家祠的灰塑已历经百年沧桑，在目前存留的古代建筑中，工艺和完整度是最为出色的。2008年，灰塑正式列入第二批国家级非物质文化遗产名录。

　　陈家祠灰塑取材范围十分广泛，尤其与传统文化结合密切，有三国演义、水浒等民间故事，也有狮子、喜鹊、凤凰、麒麟等祥禽瑞兽，还有羊城八景、珠江春早等优美的岭南风光，更有卷草纹、夔纹、如意纹等纹样图案。这些灰塑吸引着八方游客驻足观赏，让人过目难忘，印象深刻。

陈家祠灰塑（局部）

## 准备创作材料

由于本课程只涉及灰塑图案的构思和创作，因此所需材料也比较简单，不需要彩色颜料工具，只要有勾画草稿、确定线稿和便于填充黑色的笔涂工具即可，因此学生在课余时间也可以完成创作。

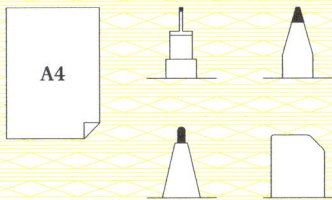

## 设计灰塑图案

重点在于让学生观察灰塑造型中的传统图案元素，运用美术中的点线面、黑白、疏密等知识点进行元素图案的描绘。

在描绘过程中，教师要鼓励学生大胆创作，不必拘泥于现实形象的相似，可以对传统图案进行适当的创新和想象。

为了让学生有的放矢，这里选择灰塑中较为常见的动物形象"独角狮"为创作原型。不同于其他地区的狮子造型，独角狮是岭南建筑中独有的装饰物，全身朱红色，头顶正中央长有一只独角，这种造型是根据佛山民间传说而来的。传说在明代初年，佛山地区出现一头怪兽，吞食禽畜，毁坏农田，给村民带来严重灾害。后来村民想出"以怪制怪"的办法，请手艺师傅用竹篾扎成一只形状怪异、神情凶猛的独角狮。当怪兽出现的时候，村民便敲锣打鼓，燃放鞭炮，舞动独角狮朝怪兽冲去，果然把怪兽吓跑了，从此村民又过上了太平日子。

岭南建筑中的"独角狮"

因此，独角狮作为辟邪保平安的瑞兽在民间建筑中广为应用。陈家祠中便有多种形态不一的独角狮装饰在建筑物的多个位置。

本课程重点在于对灰塑造型的观察及刻画上，难点在于如何把图片的立体造型平面化并进行图案构成设计。学生需要自己判断画面中点、线条及黑白灰色块的均衡搭配，保证图案的视觉美感。对于中国传统图案的造型把握也是非常重要的，如何能设计出传统、创新的造型，非常考验学生对形体的把握。我们平时需要给学生创造更多的条件，让他们充分了解中国优秀传统文化的内涵，并在此基础上传承和创新，让中国优秀传统文化继续发扬光大。

# 学生作品展示

让我们来欣赏一下学生们精心创作的作品吧！这些作品可能还略显稚嫩、简单，但并不缺乏美，这也是我们的美育教育最为注重的理念！

学生作品展示

## 甄巍说

I　　所见非真，图像非"像"。即我们眼睛所看见的形象、意识中对图像的改造，以及由概念而产生的图像都是不同的。

II　　美术与音乐有着很大的不同，音乐是可监测、可评估的，音准、节奏、乐谱等都有据可依，但美术的多元化和创意性使它很难被界定，也就无法用准确与否来判断一个人美术能力的高低。

III　　主体所感觉到的变化和这个世界本身的变化，可能是双向的，我们只是在时空关系的位移上发生一些变化。

IV　　科学中是难以接纳错误的存在的，但目前科学史的研究中已经意识到错误和试错的重要性了。而接纳错误或是保留空白在艺术教育中是特别重要的，我们一定要教会孩子将错就错，反而能收获不一样的结果。

V　　其实文学描写中常用的手法，以及绘画上的构图问题，都关乎一种美的心境——同情心。

VI　　人的学习方式是一种理解的学习方式，而且这种理解的学习方式永远是跟形象和情感有关系的，追求更高远的人甚至会带着一种欣赏和审美的态度。

# 龙念南

中国儿童中心高级美术教师，1983年毕业于中央工艺美术学院（今清华大学美术学院）。从事少儿美术教学四十余年，担任全国义务教育《美术》教材编委，全国义务教育特教《美术》教材主编，中国美术家协会会员，中国少年儿童造型艺术学会创始会员，曾担任过北京人民广播电台少儿节目专栏主持人，中央电视台少儿节目撰稿人，出版有多部少儿美术教学专著。

# 07

## 美育中的
## 教育思维

本章主要从马斯洛需求层次理论中人的不同需求谈起，提出人不同层次的需求是社会发展的动力，而支撑社会稳步发展的是文化，文化的传承依托教育，"开放式教育"的概念在现代教育里非常重要，在美育中如何运用视觉艺术的基本要素来实施有效的教育，是教育者应该关注的问题。

# 7.1

# 教育与美育

为什么需要教育？从马斯洛需求层次理论来看，人类从满足基本物质需求逐渐发展到满足精神需求的高层次要求，这种动力推动着社会不断向前发展，而支撑社会稳步发展的是文化，人类的文化传承又需要教育来实现。

文化是人类发展过程的产物。反过来，文化更是在潜移默化地支撑着人类发展。对于个人来说，文化也是支持每一个人向上发展的重要力量。而获得这样的力量，也就是获得更多的文化，仅靠个人一己之力不可能达到，需要进行文化传承。文化传承首先依赖的就是教育。教育可以使个体在尽可能短的时间内获得前人已有的文化积累，然后反过来回馈社会。

Tips 1 　　　　　　"教育"应该理解为由两个单字词组成的词组，而非简单的双字词。

"教"和"育"有着各自各不同的含义："教"指传授，是教育的内容所在；而"育"则指抚育，是教育的形式所在。它们相辅相成，相互支撑。谈"教育"的时候，谈"教"就一定要谈"育"。对于知识技能的学习不能只是简单地记住或者掌握，而是要会用，要结合自身的需求合理、合适地运用。从个人发展的角度来看，重视成长中"育"的作用，就是在培养"用"的能力。所以，教育活动要特别重视从学习知识技能的过程中，培养为社会服务的意识。

现代教育的目的是达到"五育并举"，"五育"即德育、智育、体育、美育、劳育，我认为还应加上它们的"前传"——"哺（抚）育"。简单来说，幼儿3岁之前重在哺育，也就是以身体物质养成为主的阶段，属于家庭教育范畴。3岁之后逐渐融入体育，这个"体育"不单单是指强身健体的运动，还包括广义的团队合作与狭义的身体协调运用能力。儿童进入小学后开始正式接受智育和劳育，其中智育除了学习学科知识之外，更重要的是培养学习的能力，完成从吸收、内化到外放的转变。劳育也不是简单的劳动活动，而是树立以己之力为社会服务意识的行为教育。美育和德育则是伴随一生的，德育属于外化教育，所以主要应该在儿童阶段进行，包括基本的品德与性格教育，因为人的道德品质往往都是在儿童时期塑造并影响未来的。进入成年阶段的德育，主要应该是坚定理想与塑造高尚道德的教育；而美育是一个人基于精神层面的内化教育。人们在不同年龄阶段基于对美的感受与表达会有不同的收获，所以需要不断去学习、感受、表现。

美育作为一种内化的教育，一些形式上的东西可能会给人们带来一种内化的能量，使人们在面对夕阳、春暖花开、秋风送爽时，能够感受到内心的愉悦。美育和德育相辅相成，美育通过外化呈现了德育的效果，而德育深入到了心灵，就转化成了一种美育。德育和美育的互补，使得学生能够从各方面都获得提升，从综合的素质能力上获得提升。

美到底是什么？从字源上来看，美由"羊"字和"大"字组成，古人认为"羊大为美"，可以理解为认识自身的美之所在；从字形上来看，"美"字如同一个人头上戴有羽翎或其他装饰物的模样，可以理解为借用外力弥补或者增加自身的美。这两种解释都是从自身出发，基于对自身已有事物的认知和理解或对自身缺点的补充和完善。

"美"的理解

放在大的群体文化的角度来说，任何一种文化都有根源，有各自的地域群体边缘，这种边缘实际上影响了这个群体对该文化的美的角度的认知。如果将"美"放在群体和社会之中来看，则体现出人们在不同文化背景下对于"美"的不同认知。中国古代神话人物哪吒的造型是不断演变的，它们的相同之处在于都将哪吒塑造为一个儿童，持有标志性的兵器，但它们却有着不同的外表和内涵。清朝民俗画中的哪吒，作为神话人物出现；1961年动画片《大闹天宫》中的哪吒，作为配角出现在反派人物集团中；1979年动画片《哪吒闹海》中的哪吒，是作为正面人物的主角；2019年电影《哪吒之魔童降世》中的哪吒，更符合当代人对于孩童、对于人的认识，具有多面化的性格。不同的视觉呈现都是时代在"美"的定义中留下的痕迹，"美"不是一成不变的，而是随着文化的变革而呈现出不同形象，这种呈现是没有绝对标准的，是由个人和群体自发展现的。

了解了教育与美育的概念，那么如何进行教育呢？"教育"一词在古希腊语中本义为"引发、导出"，源自当时的教育场景通常是在问答中进行的，教师提问，学生给予回答，教师再对回答进行补充并进一步提问，直至学生对自己的回答"恍然大悟"。这样的问答因为是在解决发生的具体问题，所以学生由此可以更为全面、系统地理解问题，最终达到举一反三的结果。

就教育来说，通常涉及学生和教师两大人群；对于学生而言，最佳受教状态是"知之者不如好之者，好之者不如乐之者"。

这句话出自《论语·雍也篇》，意为对于知识来说，通晓的人不如爱好的人，爱好的人不如以它为乐的人。这句话说明了学习的3种境界：最低境界是"知之"，对知识是被动接受的状态，往往只能学到皮毛，不能真正把握知识的精髓；中等境界是"好之"，对知识是主动接受的状态，能够去理解教师所教授的内容，但不会去探索更广阔、更深层的领域；最高境界是"乐之"，对知识是不断渴求的状态，不但精研教师灌输的知识，还能通过各种途径获取想要的知识。

很多人对于目前倡导的"快乐教育"，总是狭隘地认为就是要让孩子多些玩乐的时间，减轻学业的负担，殊不知这是片面地理解了"快乐"二字。"玩之乐"是一方面，但我们更应该让孩子懂得"学之乐"。任何深入的学习都是需要劳筋动骨的，这对于不想学习的人来说一定是最大的痛苦。反之，一个"乐之者"有真正的、发自内心的对知识的渴求，就会像苦行僧一样体会到"苦"中之"乐"，让学习成为"乐在其中"的事情。

对于教师而言，最佳教学状态是"举一隅不以三隅反，则不复也"。

这句话出自《论语·述而》，意为若学生自己不发奋努力就不要去开导他，若学生自己心里不明白就不要去启发他。教师这个名词实际上是伴随着工业革命出现的，之前传道授业解惑者都被称为"师父"，实行的是线性教育，即师父带徒弟，一对一或一对多地将自己的知识、技能传授给徒弟。不同师父之间所授之课也有所差异，不具备统一性。而工业革命中大规模机械化生产的前提是标准化，标准化带给教育最大的益处是教师群体通过研究和解构，把工业化生产所需要的标准化的东西梳理出来教授给学生，可以说是工业化带来了现代教育。在此背景下，教育逐渐演化成教师单方面的传授、教导，这其实是有违教育初衷的。

社会发展到今天进入了后工业时期，信息化的知识储存对于传统的教育产生了冲击，许多知识的获得门槛更低了，知识的更新迭代更加迅速，教师也需要不断学习才能跟上时代的步伐，教师需要反思自己作为教师的职责。在信息时代，绘画技法等完全可以通过其他的方式获得，作为教育者的职责更应该体现在完善学生自身人格方面。

对于学生和教师两者而言，最佳教学成果是"举一反三"，出自《论语·述而》：举一隅不以三隅反，则不复也。意为若学生尚不能达到举一反三的程度，就不要进行下一阶段的授课。现在很多的教学理论实际上都源自建构主义。"建构"一词源自建筑学，是指在人类知识的海洋里汲取最关键的部分。举一反三，建构出适应个人要走的路的知识结构，这样人类发展的道路才能越走越宽广。建构的前提是解构，其中的关键在于"一"，所以作为教育者，如何从纷繁的大千世界中解构出最合适的"一"，是非常重要的。

# 7.2

## 艺术素质教育

美育是基于艺术的素质教育，其目的可以概括为以下4个方面：体验、学习、理解、评价。体验是每个人独特的眼光、思考和表现手段；学习是基于自身体验和实践，寻找和呈现美的过程与方法，以真情实感的流露来形成自己的理解和表达，转化出自己的观点想法，最终能够对美有属于自己的评价。

艺术学习包括"审美"和"创美"。从审美来讲，学生要能欣赏，要能像评论家一样表达自己的观点。创美也是这样，不是在重复别人，而是在学习前人的过程中，形成自己的方法，传递自己的想法，这才是艺术学习的目的。每个人的思维一定是独立的，形成独立的思维才是教育最好的结果，否则就变成了一种技术性的培养。

Tips 1
艺术素质教育的基本素养以4个核心词构成：审美感知、艺术表现、创意实践、文化理解。

在视觉艺术教育中基于视觉的图像识读是基础，学生以此获得审美感知并在此基础上通过美术形式去艺术表现。创意实践是艺术素质教育的核心，而文化理解是目的。

不管是在欣赏活动中，还是在创造活动中，学生都必须形成自己的审美感知，这样才能从情感的角度产生人与物之间的关系，没有感情的行为只能说是一种技术的表现。在图像识读基础上形成的审美感知，不能仅仅依靠眼睛，适度地用手（行为）去表达更能够产生内心的愉悦。

基于美术的艺术表现不是单纯或随意进行的，而是基于个人思考，使用特定的手段来表现内心情感的方式，如绘画要考虑是用简单的线条、图案，还是复杂的造型、色彩；如摄影要考虑是拍摄风景、动物，还是人物等，甚至要构思取景、角度、比例等问题。只有选择了合适的方式，来支持表达心中所想时，这样的表现才能称为艺术表现。

个人只有有了创意的能力，才可能更好地服务于社会，否则其提供的就像仅完成简单或复杂的重复性工作服务，那么这种服务的度是有限的。从这个意义上来说，创意实践就变成一个很重要的词，所以在艺术基本素养里要特别强调创意实践。创意实践不见得一定是创造了新的东西，而是能够不断地在自己的想法、自己的观察中发现与众不同的东西，敢于表达与众不同的角度。

美术课需要技能技巧，甚至有的时候要强调技能技巧、基本知识，但是它们一定是手段而不是目的。对于个人发展的核心素养来说，围绕人格养成的目标进行教育，教育才有意义。如果艺术教育不能触动心灵，那么这样的艺术教育是失败的，甚至是有害的。

艺术素质教育最重要的途径之一就是对视觉艺术的学习，即以视觉传达的形式，通过不同的媒介和手段传达思想的艺术表现。

总体来说，视觉艺术就是通过基于图像识读的审美感知，形成自己主观的判断，并通过视觉传达的不同形式影响人的理性思维。并非所有视觉可以看到的图像或事物都属于视觉艺术范畴。以荷兰画家伦勃朗的作品《伯沙撒的盛宴》为例，该作品从视觉效果上来看，第一眼看到画面可能会感受

伦勃朗《伯沙撒的盛宴》

到画中人的震惊或恐惧，这只是表面的图像识读；从情感角度来说，观者已经获得了审美感知。但如果观者不了解表现特定内容作品的背景故事，就很难进一步感受或理解到其他的意义，也就是说，这里的"进一步"其实已经属于非视觉艺术的范畴了。简单来说，视觉艺术给人一目了然的感觉，之后想起还能细细品味，而非视觉艺术则重在叙述，只有了解其叙述的内容后才能慢慢感受、体会和理解。

视觉艺术传递谱系包括两条线，其一是"眼见"，即眼睛看到的"像"，以留存影像为主要方式，在摄影技术发明之前，"画得像"便是最重要的，绘画作品是反映物像的视觉艺术，包括古典肖像画、静物画等，如法国画家安格尔的《霍松维勒女伯爵》；其二是"心想"，即心里想到的"像"，以载意或达情为目的，以色彩或造型的表现为主要手段，融入直觉感受、主观感受、情感投入来创造视觉作品，是反映心像的视觉艺术，包括民间文化、乡土文化等，如德国画家丢勒的《手》。

摄影技术发明以后，很多人都认为视觉艺术死亡了，安格尔就称其为"魔鬼的巫术"，德拉克罗瓦则宣告绘画从此寿终正寝了。但事实证明，这么多年过去了，绘画并未消亡，反而愈发地呈现出百花齐放的势态，这是为什么呢？

究其原因，虽然摄影技术的发明解决了人类对于反映物像的需求，但人类对于反映心像的需求却提高了。在这种需求下，现代艺术、后现代艺术和当代艺术应时产生了，它们都是心之"像"传达的艺术诉求的产物。高层次的艺术是通过艺术家的呈现，让观者感受直击心灵的触动，从而产生身心的互动。当代艺术有一个重要的检验标准在于，观者是否参与了互动。当代艺术作品都可以视为观者与艺术家共同完成的作品。

视觉艺术的感知对象不外乎颜色、虚实、明暗、动静、大小这5个基本呈现内容，几乎所有的视觉作品都以识别这些内容塑造的造型为主，而作品之间的差别也诞生于这些内容所塑造的造型本身及其相互构成之间的差别。那么如何呈现这些内容呢？大致有以下5点。

第一，艺术元素，包括形状、形态、色彩、明度、线条、空间、纹理7种。这是视觉艺术中达成的共识，不论多么复杂的艺术作品，必然是由这7种元素中的1种或多种构成，而"审美感知"即检验我们是否能够审视其中的元素并得出自己的感受，而"创意实践"阶段则考验我们恰当运用这些元素的能力。

第二，设计原则，包括平衡和均

安格尔《霍松维勒女伯爵》

丢勒《手》

衡、统一规律、韵律、比例、重点、多样性、符号和图案7项。这些原则是将艺术元素进行有机结合的必要条件。并非只有平面设计、建筑设计、环境设计等应用需要遵循设计原则，而是几乎所有的视觉艺术都离不开这7项原则，哪怕是进行不涉及任何其他条件的个人创作和表达时，也会在不知不觉中运用到这些原则。"审美感知"与"创意实践"同样是检验是否能有效运用它们组织艺术元素进行表现的基本素质能力。

第三，工具材料，包括附着体、承载体、结合体3种。例如最常见的绘画工具，颜料作为附着体起到呈现作品效果的作用，画纸作为承载体起到托住颜料的作用，画笔作为结合体起到将颜料呈现于画纸的作用。从广义的角度来理解，许多东西都可以作为工具材料，而且同样一种东西可以分别起到不同工具材料的作用。例如杯子，使用画笔在上面涂抹装饰时它可以是承载体，在杯子中装入颜料或其他液体并通过泼洒等方式作画时它可以是结合体，将不同颜色的纸杯修剪后叠在一起形成彩虹时它可以是附着体。

第四，表现层次，从低到高依次为感受、感觉、感情。很多人认为艺术不分高低，这是针对作品而言，这里则是根据情感来加以区分。如果只是依靠直觉，表现眼见图像，即为最低层次的感受；如果可以客观地接受外来信息，融入共同语境，即为中层次的感觉；如果能够加入主观判断，制造自己的语言环境，即为高层次的感情。

第五，呈现方式，包括写熟、写生、写意3种。写熟指通过学习前人的方法来表现；写生指从生活中观察，发现与众不同或者独特的内容，运用自己认为合适的方式来表现；写意指通过自己的表现方法来表达自己希望传达的意境，从而达到表达自己思想和观点的目的。通常来说，"写生"一定要紧紧抓住"写熟"，"写熟"就是把前人的约定俗成的技能技巧、艺术家的表现方法学到手的过程；"写生"是面对大千世界，以自己特有的方式将发自内心的感受表达出来。在此基础上，才有可能达到真正的"写意"。

# 7.3

# 开放式教育

著名的教育家陶行知先生,原名陶文濬,1934年发表《行知行》一文,文中写道:"行是知之始,知是行之成。"他认为,在教育中必须先经过实践知道自己缺乏什么,才能更好地获取知识,而获取知识之后又要通过实践去验证结果,他也因此改名为陶行知。

要达到"行知"的教育理念必然要实施开放式教育。那么什么是开放式教育?开放式教育不仅是指教学场所的开放,更是指思维方式的开放。最好的教育一定是在开放状态下进行的教育。开放的除了受教者,也包括施教者,而最终的受益者既是受教者,同时也是施教者,因为两者同处于终身学习的状态,这也是最佳的教育状态。

从建构主义来看,学习是学习者基于原有的知识经验生成意义、建构理解的过程。在这一过程中,教师起到"举一"的解构作用,学生收获"反三"的建构结果,因为教师不可能将从古至今的所有知识都教授给学生,他只能选择最基础、最重要的部分,也就是"一";而学生也不可能有足够的时间去学习所有知识技能,必须自己从所学内容中举一反三地去应用,这就是"三"。如同七巧板一般,通

七巧板拼图

过对一个最简单的正方形进行裁切,得到7块不同形状和大小的板子,之后对它们重新组合排列,就能得到千变万化的图形。其中的"裁切"便类似于教师对知识体系的解构,"重新组合排列"则是学生对知识进行自我建构并灵活运用。

在信息时代,教育模式已经发生了重大变化,其中备受瞩目的当数网络教学,线上和线下教育之间似乎产生了不可调和的矛盾。从广义的角度来看,线上教育既包括实时反馈的直播授课,也包括学习存储在网络上的各种知识,学生随时随地都可以学习,而这部分内容往往是恒定的,不需要教师随时更新知识库,这就在很大程度上同时节省了教师和学生的时间、精力,让学生在想要学习的时候能够及时获得知识,更快进入"乐学"的状态;线下教育能够让教师和学生面对面地沟通交

流，教师可根据学生的状态及时做出反应，这种可感知且可交互的教学方式是线上教育无法取代的，因此两者缺一不可。

科学是求同的，科学要有统一的标准作为基础；相反艺术是求异的，每个人都可以有不同的想法、不同的表现。所以想要培养开放的、发散的思维方式，艺术教育是最好的方式。

想要艺术教育达到理想状态，需要按不同年龄层的不同特征来制定教育策略。其他学科教育其实也要遵循这一策略，这样才能在符合人类生理和心理发育规律的基础上实施教育。我所倡导的教育策略可简单归纳为"三六一十八"，这是针对未成年人教育提出的，因为根据年龄有的放矢的教育才是最好的教育。该策略将0~18岁以下分为6个阶段，每3年1个阶段。孩子在每个阶段由量变达到质变，才能更顺利地进入下一个阶段。从整体来说，6岁之前为亲子模式，需要注重家长与孩子之间的互动；6~12（不含）岁为学习模式，则是教师与孩子之间的教与学；12~18（不含）岁为创造模式，更多的是孩子自我的发展。

3岁之前的关键词是"没有"，该阶段的教育既不需要学校教育的参与，也不需要学科类知识的灌输，更多是家庭教育和家长陪伴，以保障幼儿健康成长为主，并通过潜移默化的方式去影响孩子的美育和德育水平。这一阶段主要依赖于家长的言传身教，也就是之前说的"哺（抚）育"。

3~6（不含）岁的关键词是"游戏"。在该阶段不要急于给孩子安排各种各样的知识或技能的学习，而是要让他们在游戏中感受艺术的快乐，知道艺术不仅仅是绘画，还可以通过拼、贴、捏、塑等不同的方法去创造美，也可以让他们通过装扮自己、收拾房间来感受美。孩子对于美的体验越丰富，将来转化美的能力也就越强。这就是典型的"体育"为主的阶段。

6~9（不含）岁的关键词是"收集"。一个人想要有所表达必然先要有所感受，不同于在幼儿园中受保护的社交状态，进入小学后，孩子会面临真正的"小社会"，只有多看、多听、多感受，才能使心灵的房间不再空荡荡。但这一阶段对表达的要求并不高，只需要孩子对事物最基本的特征有明确判断即可。

9~12（不含）岁的关键词是"巩固"。当孩子内心感受足够充盈时往往会急于表达却并不得法，简单的方式已经无法满足他的表达需求，仿佛一个满腹素材的人却无法写出流畅的作文一般。此时教授他相关的技能技巧正如雪中送炭，可让他在"乐学"中强化表达手段。

12~15（不含）岁的关键词是"表达"。人的生理和心理发育至此阶段，逻辑认知已经基本完善，自我人格也已经出现，他们渴望与周围人平等对话，包括教师、家长，我们要给予他们表达的机会和空间，并鼓励他们利用各种合理方式去追求自我表达。

15~18（不含）岁的关键词是"选择"。在该阶段，孩子可能第一次面临人生的重大抉择，如是上职业高中还是普通高中？选择职业高中还要面临不同职业类别的二次选择，而选择普通高中也可能面临文科、理科、艺术、体育等不同学科的二次选择，不同的选择自然也会呈现不同的教学方式和美育课程。

Tips 1

说到课程，它和教育一样，应该理解为是由"课"与"程"两个单字词组成的词组。

"课"为果实，"程"为贯穿"果实"的过程，课程起到承上启下的连接作用。与课程相对应的是教材的设计。我认为教材内容应以人成长至不同年龄阶段的生理及心理特征为基础：在幼儿阶段注重兴趣和活动的对接，以艺术体验为主；在学校教育的初期阶段，重视知识积累和基本技术的获得，使学生逐步开始自我表达；在学校教育的后期阶段，开始出现初步的专业分类，并更重视与未来职业生活技能（含全部职业技能，而不是单指艺术职业技能）的对接。

# 7.4

# 美育与教育思维　　美育的
# 实践课　　　　　　教育思维

## 旗袍

| | |
|---|---|
| 课　　时 | 1~2小时 |

| | |
|---|---|
| 年　　龄 | 6~12岁 |

| | |
|---|---|
| 课程体系 | 引导学生多看、多听、多感受<br>鼓励学生独立思考、大胆表达<br>教授学生合适的技法来满足其表达需求 |

| 课程内容 | 了解<br>课程主题 | 对课程主题的相关内容进行介绍，提醒学生创作重点，这里分为"青铜器中的动物"和"小猫咪剧团——梦回红楼"两个单元 |
|---|---|---|
| | 准备<br>绘画材料 | 准备素描纸、铅笔、橡皮、记号笔、勾线笔、直尺、水粉颜料、水粉笔刷、水桶、水彩笔、彩色卡纸、剪刀、胶棒等 |
| | 绘制<br>主题作品 | 使用相应技法绘制相应主题作品 |

# 认识
# 青铜器上的动物纹样

青铜器上有各种各样的动物纹样。我们以饕餮纹为例进行介绍，引导学生分辨不同部位角纹、耳纹、目纹、鼻纹、口纹、足纹的形状，并进一步介绍饕餮纹的结构、用途和寓意。

耳纹　　　　　　　　　　　　　　　　　　　角纹

目纹　　　　　　　　　　　　　　　　　　　足纹

口纹　　　　　　　　　　　　　　　　　　　鼻纹

青铜器上的动物纹样

# 准备绘画材料

准备需要用到的材料，包括素描纸、铅笔、水粉颜料、水粉笔刷、水桶、记号笔、勾线笔、水彩笔等。

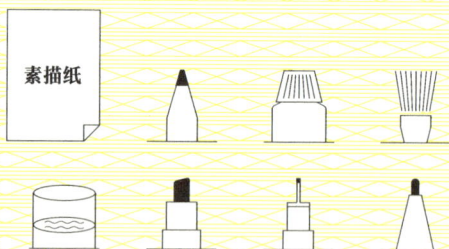

素描纸

# 绘制"青铜器中的动物"

引导学生学习提取青铜器中的图案纹饰，并以先整体再局部的方式刻画动物主纹样造型。根据学生的年龄教授不同的绘画技法，6~9岁以勾画轮廓为主，9~12岁可以学习使用粗细线结合与油水分离技法表现纹样。

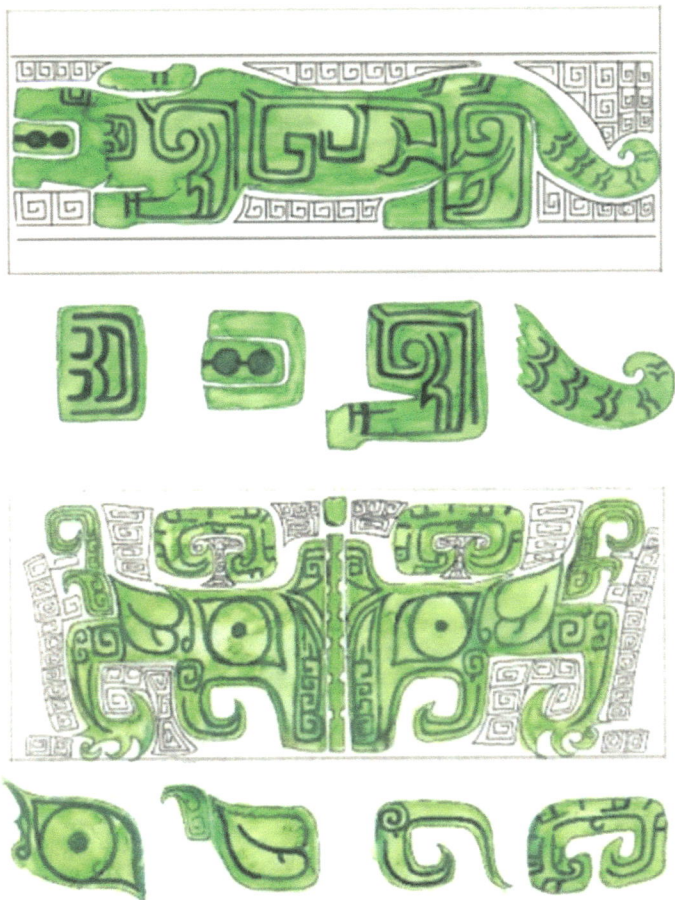

图案纹饰的提取

## 认识
## 古典名著《红楼梦》

引导学生初步认识古典名著《红楼梦》，以"刘姥姥进大观园"为主题设计相关角色。

以图片或视频的形式引导学生了解绘画背景，可以用动物的形象绘制故事中的相关人物形象以提问的方式归纳每个人物的特点，包括人物形象、服饰、表情等。

## 准备绘画材料

准备需要用到的材料，包括素描纸、彩色卡纸、橡皮、铅笔、记号笔、水粉颜料、水粉笔刷、水桶、剪刀、胶棒、水彩笔等。

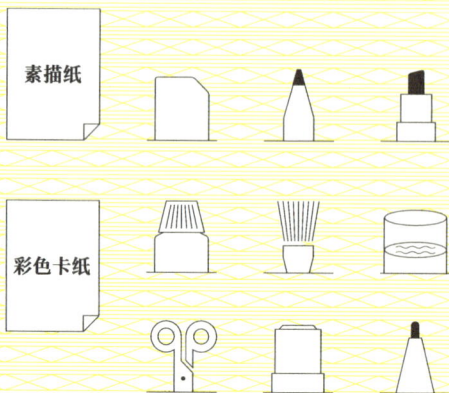

## 绘制"小猫咪剧团——梦回红楼"

引导学生学习猫咪的绘画方法并以"刘姥姥进大观园"为主题设计角色。低年级的学生以勾画轮廓和用水彩笔上色为主，高年级的学生可以学习如何表现角色特点并使用水粉颜料和晕染技法上色。

学生作品展示

## 龙念南说

Ⅰ     从教育本质上来说，"教"和"育"是两个不同的概念，要"教"和"育"并重。

Ⅱ     "艺术元素"和"设计原则"是艺术和设计的主要语言，也是视觉艺术中的基本元素，它们通过不同媒介和手段来影响人思维的形成。

Ⅲ     思维的"开放"是指要更重视培养学生的创造性思维和创新能力，学习艺术是培养学生这些能力的重要手段。

Ⅳ     视觉艺术是通过图像读识，形成自己主观的判断来达到影响思维的目的。

Ⅴ     使用艺术材料的三个层次，从低到高分别是穷尽用途、探寻新途、尽情运用。

Ⅵ     以教师为主导的五种教学方法包括叙旧迎新、殊途同归、举一反三、眼见为实、温柔陷阱。

Ⅶ     以学生为主导的五种教学方法包括自娱自乐、不言自明、互相帮助、完善自己、你说我说。

# 陈岸瑛

清华大学美术学院艺术史论系主任、教授。国务院学位委员会艺术学学科评议组成员，文化和旅游部优秀专家，教育部新世纪优秀人才。主要研究方向：美学，现当代艺术理论，非物质文化遗产。主持多项国家级、省部级课题，著有《艺术概论》等，译有《寻常物的嬗变》等，发表一系列论文，组织策划一系列大型学术活动。

# 08

# 美育中的
# 非物质文化遗产

本章主要从日常生活中的美及审美问题讲起，重点说明美育的文化传承功能及非遗教育在其中所起的作用，并介绍我国非物质文化遗产保护的现状和发展趋势，结合众多案例探讨"非遗进校园"存在的问题，提出思考和洞见，旨在为中小学美育工作者带来启示。

# 8.1

# 美育与非遗教育

美育的全称是审美教育，其中包含两个基本的概念，"美"和"审美"。美是一个被美学过度定义的概念，比如经常被讨论的自然美和艺术美的关系，还有审美之外有无审丑等，这些讨论都太过于学术化。回到日常经验，我们会发现，所谓的美就是美好生活，审美就是感知和享受美好生活。

在此意义上，审美教育包含4个维度。一是培养学生享受美好生活的情趣。张岱曾说"人无癖不可与交，以其无深情也"，即没有个人爱好的人不能深交，因为他没有深厚的情感。由此可见，做一个有情趣的人很重要。我们在追求卓越的同时，也要懂得去享受生活。二是培养学生感受美好生活的能力。仅有享受美好生活的情趣而无感受美好生活的能力也是不行的。能力有待于学习和培养，如休谟所说，一个有品位的人，首先感觉要细腻，其次见多识广，最后要去除所有偏见，如此方能获得辨别美丑的能力。三是培养创造美好生活的能力。

除此之外，审美教育还要培养学生对文明和文化的传承能力。艺术是一部"无字天书"，蕴藏和传承着人类文明的基因，但这部"书"并非人人都能轻易读懂。美育的责任就是要帮助学生提升解读物质、非物质文化遗产和传统艺术形象和形式的能力，使其理解人类文明，读懂中国文化，获得发现家乡之美的眼光。在此过程中，学生对构建人类命运共同体的意识得到增强，家国情怀得到艺术美、形式美的滋养，文化自信得以提升。

Tips 1

非物质文化遗产（以下简称非遗）是人类文化遗产的重要组成部分，是学校美育的重要资源。几乎每一所学校所在的地区都有自己独具特色的非遗项目，其在父老乡亲的生活中活态传承，丰富、生动且富于感性之美。将非遗融入学校美育，有助于培养学生发现家乡之美的眼光，使学生切身了解国情民风，形成滋养一生的精神根脉。

# 8.2

# 中国的非遗保护

2004年8月，中国加入《保护非物质文化遗产公约》。2005年，国务院办公厅印发了《关于加强我国非物质文化遗产保护工作的意见》，先后于2006年、2008年、2011年、2014年和2021年分别公布了第一批到第五批国家级非物质文化遗产代表性名录，目前分为十一大门类：民间文学，传统音乐，传统舞蹈，传统戏剧，曲艺，传统体育，游艺与杂技，传统美术，传统技艺，传统医药，民俗。其中，传统工艺包括传统美术和传统技艺。

除国家级非物质文化遗产代表性项目名录，我国还陆续建立了省级、市级、县级非遗名录。与四级非遗名录相匹配的是四级代表性传承人认定和传习补助制度、非遗普查制度以及针对濒危项目开展的抢救性记录工程。截至2023年，文化和旅游部在非遗项目集中、特色鲜明、形式和内涵保持完整的特定区域共设立了12个国家级文化生态保护区，14个国家级文化生态保护实验区。自2011年《中华人民共和国非物质文化遗产法》施行以来，全国共有26个地区出台了非物质文化遗产保护条例，中央财政年均投入近10亿元。

生产性保护和整体性保护是我国非遗保护工作取得的两项重要经验。生产性保护主要针对传统工艺（包含传统美术和传统技艺），从设立生产性保护基地到推出传统工艺振兴计划，扭转了重申报不重保护的风气。整体性保护有利于弥补项目制保护的缺陷。在项目制保护中，一些完整的文化事项被分拆成不同的项目，如中国流传至今的三大史诗之一《格萨尔王》便典型地体现了传统文化的整体性。除了格萨尔王的故事口口相传，每年还会举行赛马节和盛装游行活动；壁画、唐卡、雕塑和面具等造型艺术也会表现格萨尔王的故事。通过出现在不同的艺术门类和艺术表现形式中，格萨尔王和他的王妃及将领们，成为一系列在跨媒介过程中不断发展演变的形象。

2015年以来，我国的非遗保护进入一个新时期，文化和旅游部联合教育部、人力资源和社会保障部发起"中国非物质文化遗产传承人群研修研习培训计划"。2017年，文化和旅游部、工业和信息化部、财政部共同印发了《中国传统工艺振兴计划》，该计划以研培计划、传统工艺工作站、非遗扶贫工坊和文化生态保护实验区等为抓手，极大地推动了传统工艺行业的转型升级和创新发展，促进了传统工艺与当代文化、经济和生活的融合。

《保护非物质文化遗产公约》提到，包括传统工艺在内的非遗的保护，由确认、立档、研究、保存、保护、宣传、弘扬、传承和振兴等9个环节组成。"传承"意味着延续非遗的生命力，而"振兴"意味着激活、重振和新生，使作为一种活态文化的非遗的生命力达到甚至超过历史上最富活力的时期。

产生于前现代时期的传统工艺，何以在现代社会中实现"振兴"？从理论上来说，传统工艺走向振兴的前提条件是，人民群众从温饱走向小康，从而对生活品质和文化丰富性、多样性有了新的需求。景德镇的制瓷业和鹤庆县的金属工艺，都是在当代走向振兴，其繁荣程度超越历史最发达时期的典型案例。

中国是瓷器之国，景德镇是古代最著名的陶瓷产区之一，许多远销海外的瓷器都来自这里，但在20世纪90年代，经济体制的改革导致其发展速度有所减缓，之后又由于家庭作坊生产的手工仿古瓷器备受追捧而日渐复兴。加之陶瓷大师的出现带动了市场的繁荣，全国乃至全世界的艺术家、设计师等都聚集到这里，从而使景德镇恢复甚至超越了往昔繁荣，实现了非遗产业的振兴。

鹤庆县由于缺少耕地，这里的人世代以金属工艺为业。早期他们走街串巷，为人们提供修补服务。到了20世纪80年代，他们便聚集于各个藏区，为藏族同胞定制金属器皿。当积累了足够的订单和技术后，他们就返乡创业，将鹤庆县的金属生产和贸易带动起来，2010年开始面向全世界制售茶具并从此走向更广阔的市场。这种特色手工业也成为一种吸引外地游客的特色文化资源。

景德镇陶瓷产区的窑厂

## 8.3

# 非遗的
# 历史文化内涵

非遗教育应注重挖掘和转化非遗项目中蕴含的历史文化内涵。以传统工艺为例，其作为一种手工造物的方式，在满足衣食住行、宗教礼仪等各项社会需求的过程中，承载和积淀了丰富的历史文化内涵，创造了璀璨的物质文明。活态传承的传统工艺蕴含着两种现代人稀缺的价值观念：一是人与自然的关系，二是人与历史的关系。这两种价值观念在现代非遗教育中至关重要。

在传统工艺中，人与自然的关系通常由天然原材料及其加工工艺体现。以文人艺术的物质载体笔墨纸砚为例，院校美术教育常常忽略这些载体的制造过程和审美特性，随便买些纸笔墨便让学生创作，忽视了材料和工艺中蕴含的天人关系。我曾带领从

油烟墨制作中的点烟和阴干工序

事中国画创作的研究生重走笔墨纸砚之路，其中一站是安徽绩溪的胡开文墨厂，我们近距离观摩油烟墨"点烟、捣墨、装模、压模、阴干"的制作过程。将桐油装在小碗中，插入灯芯草缓慢燃烧，产生的烟尘累积到上方倒扣的碗内，之后将烟尘刮下来与动物胶混合并反复搓揉捶打，使墨粉与油脂充分融合后再压入木刻模具中，待成形取出后还要阴干1~2年，这就是蕴藏在墨中的自然性，以及在制作过程中体现出的敬物惜物的态度。

同时，传统工艺的功能和形象体现了人与历史的关系。徽墨上的描金，看似不具备功能性，其实其中很多是文人定制的历史遗留，体现了其曾经的社会功能。在胡开文墨厂，有不少明清时期流传下来的老模具。这些老模具以及传承至今的描金填金工艺积淀了文人与墨的历史关联。

　　再比如笔墨纸砚中的"纸"。安徽泾县小岭的曹氏宣纸传承至今已逾千年，其整个制作过程有100多道工序。它取材自当地的青檀树和沙田稻草。青檀树皮和燎草蒸熟后，在晒滩上历经一年的风吹日晒才能完全变白，这跟用化学方法漂白的纸的品质完全不同，体现出人与自然的关系，同时也包含了非遗所具有的价值。晾晒好的原材料经过挑料、臼草、碓皮、切料、踩料、泡料、袋料后方能制成纸浆，再进行捞纸、滤水、上墙、烘干后即成纸张，纸张还要经过拣选、裁剪、包装方可上市售卖。其中每一个流程在实际操作中又被细分为数十道工序，每道工序又有着十分严格的标准，对于人工的熟练度和精确度要求极高。就拿捞纸这一步来说，完全依赖于捞纸师傅的手感，首先必须捞得平，其次要根据不同品种宣纸的厚薄来判断捞的快慢和下水的深浅，这靠的都是长年累月的经验积累，而需要两人或多人合作的大尺寸纸张的制作更是考验人与人之间的默契配合。

泾县宣纸与竹帘

　　另外，捞纸所使用的竹帘的制作虽然并不属于宣纸的制作工艺，却是这项非遗技艺传承至今不可缺少的环节之一，并且也被列为省级非遗项目。小岭山上的竹子便是编制竹帘的原材料。经过选材、剖竹、浸泡、撕篾、编制、油漆等40多道工序才能做出一张适合捞纸的竹帘，而且竹帘厚度、密度和编制手法的不同都会带给宣纸不同的纹理和痕迹；还可以在竹帘上用线绣出不同的图案，作为纸张的商标或文人特殊定制纸张的堂号。从泾县的宣纸和竹帘制作技艺中可以看出一种地方特色，其中是人与自然的关系，是泾县的人与泾县的山水的关系，是泾县的宣纸、竹帘与泾县的山水的关系。

关于传统工艺和材料的研究，推荐一些值得参观学习的地方。例如设计师张雷在杭州创建的融设计图书馆，把不同的传统工艺项目拆解成材料、工具和工艺流程，通过展览的方式呈现出来。其团队以"解构"为基础，联合众多不同领域的设计师，深入学习研究各类手工作

丰同裕染坊

坊，对多种传统工艺和材料进行再设计，创作出符合现代生活的作品，使更多的非遗项目被人们所了解并焕发出新的生命。例如以油纸伞的工艺和材料所设计的纸椅"飘"，展示竹、草、藤、柳等传统材质的不同编织方法，深研中国造纸工艺的几百种用料和结构，借鉴百家布的拼布工艺用绳连接木块做出"鞍"椅等。传统和现代在这里相遇，共同探索出未来的道路。

再如左上图展示的浙江桐乡的丰同裕染坊，在19世纪80年代以印染独具地方特色的蓝印花布而闻名。抗战时期被毁后，直至2003年，传承人哀警卫重建染坊，精心钻研蓝印花布的相关技艺，使其得以恢复生机并有所发展。到了现在，哀警卫更加意识到非遗不能停留在过去，而是要不断改变和超越，于是他带领团队深入研究蓝草品种，精研材料加工技艺，分出几十种不同梯度的蓝，活态展示全套工艺制作流程，并设立蓝印花布博物馆，将历史和文化内涵融入其中，在展示、学习的过程中也对当地和这一行业的历史有了更深入的了解。学校非遗教育可以借鉴这些做法，将当地的非遗项目系统地转化为可供学生参观体验的工坊和展馆。

# 8.4

# 非遗进校园

从文化和旅游部委托中国青年网进行的"非遗进校园"优秀实践案例征集评选的过程中可以看出，我国中小学非遗教育整体态势向好，大部分学校高度重视，设立了专职教师和专门的空间和机构，但仍有以下4个问题值得注意。

第一，部分学校选择的非遗项目地方特色不足，不足以挖掘身边的历史文化传统。如北京某小学引入的非遗项目是贵州的少数民族歌舞，对本地的非遗资源反倒视而不见，错失了一个让学生了解自己的家乡、热爱自己的家乡的机会。同样，学校也不能选择过于宽泛的项目，如剪纸，这是一项全国各地都有的活动，那么应选择本地最具特色的剪纸项目。

第二，学校对非遗项目的文化内涵挖掘得不够深入。不少学校引入的非遗项目是踢毽子、抖空竹等群众活动，不太具有可挖掘文化内涵的。须知技能性的学习只是一个载体，重要的是身体力行地体验和了解家乡的历史文化，不能把非遗教育简单地理解为手工劳动课、音乐课或体育课。非遗作为一个文化整体，包含了"何以中国"的文化理据和感性理解，需要授课教师深入领会、系统把握。

第三，不少学校的非遗课和传统文化课衔接不足。不少学校都开发了非遗教材，但这些教材接近于传统意义上的手工劳动课教材，和历史、地理、语文等传统文化课的关联度不高，学生和家长可能会因此觉得非遗课不重要。学校应当把非遗中蕴含的地方性知识与传统文化课中有关中华文明的普遍性知识结合起来，把古代的历史和当代的传承发展联系起来，这样才能真正做到非遗进校园。

第四，部分学校的非遗教育欠缺可持续性机制。很多学校会请非遗传承人来学校表演并开展活动，但更好的机制是本校有从事非遗教育的专职教师，由他们先向传承人拜师学艺，再根据不同年龄段学生的需求，把所学转化为相应的课程。

　　在开发非遗课和教材的过程中应注意上述4个问题。非遗课不是简单的手工课、音乐课或体育课，而是要通过体验性的活动帮助学生深刻领悟地方历史文化，滋生热爱家乡的情愫。非遗教育作为美育的一部分，不能照本宣科式地灌输，所有的知识都应融入富于美感的体验和创造活动，这样才能入心入脑，成为学生自我认同的一部分。

　　在众多"非遗进校园"的优秀实践案例中，佛山市铁军小学的醒狮文化教育十分值得借鉴推广。他们选择了本地最具特色的醒狮制作和表演作为"非遗进校园"的主体项目，包含制作和表演两个类别。不但学校有舞狮队，学生在课间操舞狮，还为狮头扎制技艺国家级代表性传承人设立了工作室，安排美术教师欧琦辉拜师学艺，将图案和制作工艺分解和转化为不同难度、不同方向的课程。

　　欧琦辉老师在学艺的过程中还对狮头扎制技艺进行分析总结，并编撰了一本相关教材，使这项技艺能够更规范、更广泛地传播，还根据扎狮头的三大过程——扎、扑、画，提炼出适合各个年级的相关课程。尤其在"画"这一环节中，她把传统图案整理成教案，让学生去认识各种各样的图案，并且不局限于狮头制作，而是将这些图案应用到更多的教学领域中；又以图案为引讲述关于佛山醒狮的传统文化习俗，使其成为一个整体性项目被学生所理解和传承。

　　作为年轻一代的非遗传承人，欧琦辉老师勇于创新，例如尝试使用3D打印技术做出悬浮狮头灯，还和一些设计团队合作，开发出具有浓郁佛山特色的文创衍生品。这些创新成果，一方面丰富了她的授课内容，另一方面也促进了非遗的社会传播。

3D打印醒狮文创衍生品

# 8.5

# 美育与　　　　　中式服装
# 非遗实践课　　　制作技艺

## 中国旗袍

| | |
|---|---|
| 课　时 | 2~3小时 |

| | |
|---|---|
| 年　龄 | 6~12岁 |

| | |
|---|---|
| 课程体系 | 从画图表达到动手实践 |
| | 从测量身体数据到画线裁剪衣片 |
| | 从学习平针缝法到缝合衣片、领子和袖子 |

| | | |
|---|---|---|
| 课程内容 | 认识中式服装 | 以旗袍为例，了解中式服装的历史和制作工艺 |
| | 准备手工材料 | 准备画笔、画盘、剪刀、棉布、纤维染料、皮尺、针线包等 |
| | 量体裁衣制版 | 根据测量所得的身体数据，制版、拓版和裁剪衣片、领子和袖子 |
| | 手绘布料图案 | 手绘图案线稿并上色 |
| | 平针缝合布料 | 使用平针法将前后衣片、领子和袖子缝合，最后进行试穿 |

## 认识中式服装

教师带领学生认识中式服装中旗袍的定义、历史和发展过程，以及申报国家非物质文化遗产的相关事项；重点了解旗袍的制作工艺，包括典型的外观特征和不同时期的样式变迁，如襟、领、袖、裙摆等部位的样式，以及不同色彩和图案所表现的文化内涵。

## 准备手工材料

准备需要用到的材料，包括画笔、画盘、剪刀、1m×1.5m的棉布、纤维染料、针线包和皮尺。

棉布
1m
×
1.5m

纤维染料

## 量体裁衣制版

教师引导学生测量穿衣人的身高、肩宽、腰围、臀围等数据，根据这些数据先裁剪出纸版，而后根据纸版在棉布上画出边缘线并裁剪出旗袍的前片和后片，最后裁剪出旗袍的领子和袖子。

裁剪布料

年龄较小的儿童可以在教师的帮助下测量和画版，但在测量和画版过程中，教师尽量只起指导作用，切勿"全权代劳"。

因为要分别裁剪出前片和后片，且衣片为左右对称，所以只需要裁剪半边纸版（注意纸版尺寸要比身体数据多1cm，便于之后缝合），然后将布料的背面纵向对折一次，再横向对折一次；接着把纸版竖直、一侧紧贴折合线放置，使用铅笔沿着纸版画出裁剪线；最后进行裁剪。裁剪过程中，布料要保持平整，平铺于桌面上，剪刀贴着桌面进行裁剪，以免误差过大。教师应注意提醒学生使用剪刀的安全事项。

领子和袖子无须使用纸版，直接根据身体数据在裁剪衣片后的剩余布料上画出裁剪线进行裁剪即可。注意衣领要裁出4片，之后两两重叠后缝合，方能展现出立领的效果。

# 手绘布料图案

鼓励学生发挥自己的创意和想象，画出自己想要的图案：先使用铅笔在衣料的前片画出草稿图；然后使用专用的纤维染料上色；完成后将前片和后片的领口剪成弧形，其中前片领口弧度更大一些。

在学生自主绘画创作的同时，教师可以讲解不同的色彩和图案在旗袍中所展现的不同风格，尤其是中国传统的图案所代表的意义，以图片的形式展示拥有各类色彩和图案的旗袍，给予学生美感的启发和教育。

实施美育并不代表让学生必须接受并采用教师所推荐的方式。教师在推广美育的同时也要充分尊重学生的个人爱好，切不可限制学生想象力的发挥，但可以在细节上给出一定的建议，尤其在上色阶段，可结合实际和创意，做出色彩搭配的指导。

学生作品展示

# 平针缝合布料

首先教会学生在多余的布料上练习平针法，尽量让学生独立完成穿针引线、缝合布料的全过程，提醒学生注意安全；接着让学生在衣片背面画出缝合线，并使用平针法将旗袍的前后衣片、领子、袖子缝合在一起；最后让学生试穿和展示。

旗袍衣领的图文

衣片的缝合线要画在距离衣片边缘1厘米处。4片衣领两两缝合后先用大头针固定在领口上，再进行缝合，以免缝合过程中走样。

缝合袖子时可以在中间略微折出一些小褶皱，使袖子呈现展开蓬起的状态。

## 陈岸瑛说

I　　非物质文化遗产并不是完全与物质无关，如某些手工艺品和文化场所也被归入非物质文化遗产之内，其实物质文化遗产和非物质文化遗产最大的区别在于时态，前者是完成时，而后者是进行时。

II　　将传统工艺作为一个非遗项目来进行活态传承、传播和教育的过程中，它所承载的丰厚的历史文化内涵，就会被释放出来。

III　　非遗教育中非常重要的一个意义，就是重新建立人和社会、人和历史之间的一种关系。

IV　　从长远来看，传统工艺振兴不仅要达到带动城乡就业、非遗扶贫及促进文化和旅游业发展的经济目标，更重要的是实现重建人与自然、人与历史的关系，促进新时代文化建设的文化目标。

V　　在学校实施非遗教育的时候，要及时地了解新的变化和发展，不能一成不变地把那些即将过时的内容教给学生，学生们肯定也不会感兴趣，而是要把年轻一代创新创造的成果推荐给大家。

VI　　如果能够通过非遗与历史产生关系的话，你就会成为悠久历史的一部分，就会找到自己的一种人生意义和生命归宿感。

# 于　妙

清华大学美术学院视觉传达设计专业硕士，清华大学美术学院社会美育研究所所长助理，清华青岛艺术与科学创新研究院美育实验室副主任，曾获2012德国红点奖、第七届全国书籍设计艺术展览优秀书籍设计奖、第六届全国书籍设计艺术展览银奖。从事设计思维工作坊与专业设计教学，担任《食物的奇妙之旅——设计思维工作坊》《运用设计思维进行主题式课程设计》等课程的教师。发表《美育关键词》《"培根铸魂"的学校美育评价体系构建原理与方法研究》等多篇作文。

# 09

美育中的
设计思维

本章主要围绕设计思维的概念，探讨设计思维与美育的关系以及设计思维在美育中的重要作用，并说明在设计思维的影响下应当如何去改革我们的教育、教师和课程，如何通过富有设计思维的美育来让学生掌握设计思维这种底层能力。

# 9.1

# 设计思维概述

设计思维起源于斯坦福大学，是一种全新的组织课程与教学方法。STEM 教育、创客教育、项目式学习、探究式学习背后的关键思维——设计思维，是一套迅速风靡全球高校和中小学的科学方法论，它使课堂发生巨大转变，让学生成为独立思考者、终身学习者与创客。对于教师来说，这意味着你可以在挖掘学生创造力潜力的同时，开发自己的创造力。

因为世界是一个复杂有机体，所有的问题都不是孤立的，问题之间相互缠绕、彼此牵连，所以我们在"静态"的文献和书本里很难找到解决现实问题的"动态"答案。既然真实的世界是场景化的，问题也是多种原因造成的，那么要想拥有解决现实问题的能力，有一种思维模型特别值得学习，那就是设计思维模型，它能让我们拥有理性地洞察问题形成、感性地创想问题化解的能力。

设计思维能给你一套思维模型，让你不断提问、猜想、验证、追问，最终帮你找到问题背后的问题。借此你将成为独立研究者，面对未来的问题去深度学习，创新研究。我们的教育改革针对新高考和新课标对学生能力的要求，越来越接近真实问题和场景。解决真实世界的未知复杂问题的能力，是未来人才的核心能力。掌握设计思维，能让你有一种踏实的自信感。希望本章能让各位老师和同学们在心里种下一颗设计思维的种子。

Tips 1　　　　　学习设计思维，能帮助孩子拥有3样东西：眼睛、双手和一颗心。

"眼睛"是发现问题、找到破局点的敏锐之眼，"双手"是动手设计、制作模型的行动之手，"一颗心"是懂得自己与他人、洞察人性的同理心。在飞速发展的时代，"知识工人"已成为历史，如今的世界需要"聪明的创造者"。只有尊重生命、对世界有极强的美的感知能力、能够解决没有规则可循的新问题的人，以及能够运用已有知识和创新意识解决复杂的实际问题的人，才是人工智能时代迫切需要的人才。

对于普通学生来说，应试技能可能在离他们真正生活所需的能力素养越来越远，一部分感受力、想象力、创造力、批判精神正在他们身上消失；对于一线教师来说，人工智能在很多方面都开始取代传统的教学职责，譬如改作业、出考题、判试卷等，这些完全可以交给计算机去完成，而教师在"教育"中的核心工作将要从重于"教"变为重于"育"。

未来教育将进入教师与人工智能协作共存的时代，教师与人工智能将发挥各自的优势，协同实现个性化的教育、包容的教育、终身的教育和公平的教育，促进人的全面发展。而设计思维则是此过程中教师不可缺少的帮手，它能够让学生拥有仰望星空的理想，即广阔的视野、包容的内心和远大的目标，同时也不缺少脚踏大地的积淀，即聚焦问题的能力和解决问题的方法。

# 9.2

## 设计思维与教育

在认识设计思维与教育的关系之前，我们先来看以下5种情况。

第1种情况，北京大学毕业的"虎妈"给9岁的孩子制定了一周作息表，上面密密麻麻地写满了各种课程。除了日常的校内学习之外，课外还安排了钢琴、毛笔、围棋、跆拳道、游泳、拉丁舞、奥数等培训项目。孩子每天早上5点起床，晚上11点睡觉，足足学够18个小时，只有6个小时的睡眠时间。虽然大部分人都觉得这很不合理，孩子的童年被毁了，但有的家长认为"想要孩子未来轻松，现在就要辛苦，孩子又干不了其他事情，唯一的任务就是学习，否则将来就会被社会淘汰！"

第2种情况，某小学的教师十分苦恼，因为学校有很多特色课程，孩子们的课程已经多到排不开的程度。对此孩子们感到很辛苦，好像永远有上不完的课，同时教师也有些不知所措，他们怀着极大的热情设计研发了这些课程，但他们不知道上了这些课能给孩子带来什么不同，更不确定应该用什么标准来判断、取舍这些课程。

第3种情况，某所中学的校长感到压力很大，因为学生面临升学考试，他非常焦虑如何将应试与美育更好地结合起来，如何找到一种方法，既能帮助学生取得好的考试成绩，也能提升他们未来面对真实世界、解决复杂问题的能力。

第4种情况，对于大学中艺术专业的学生，王受之教授发现他们不爱参与讨论，更喜欢等着教师灌输知识，缺乏主动思辨能力，这是一件非常悲哀的事情。相比于西方的学生更注重创意和设计过程，中国的学生更看重技能和考试结果。更有甚者，某些教师也严重失职，随便找个课题放任学生去独立调研，即便学生东拼西凑随便给出一个结果，教师也睁一只眼闭一只眼。这样的教学环境是非常不健康的。

第5种情况，对于大学中非艺术专业的学生，李睦教授认为他们在通识教育的美育中存在很多问题，比如对于艺术的理解仅仅停留在知识和概念的层面上，习惯被人告知艺术中的美丑并对此深信不疑，失去了凭借自己的直觉去观察和感受艺术的能力，对艺术中所有未知不再好奇并且抵触，坚信掌握艺术知识是艺术家的事情且绝对与自己无关，等等。这些都使得他们自发地在他们自己与美之间筑起一堵高墙，如何拆掉这堵墙是所有进行美育的教师都要面临的问题。

从以上5种情况我们不难看出，不论是家长、教师、校长，还是艺术专业和非艺术专业的学生，都在教育中普遍遭遇了一个问题：

Tips 1

我们在教育中付出了巨大的投入，却总让人觉得缺了什么。

我们现在所经历的时代是一个充满波动性、不确定性、复杂性和模糊性的时代，周围的变化越来越快，越来越不可预测，人工智能的出现使我们的教育优势荡然无存。人工智能虽然无法完全取代艺术家，但在我们让孩子埋头刷题的时候，它们已经学会了学习，并以人类无法企及的速度在进步，人类能守住的堡垒已经所剩无几，但是我们仍然在使用150年前伴随工业革命出现的教育模型，殊不知整个教育系统迭代的时刻已经到来。

有专家推测，到2030年，人类现有工作中可能50%~70%的工种将会消失，转而由机器代替完成。由此可以预见，目前正在花费大量时间接受教育的孩子未来会有65%的人从事现在尚不存在的职业。另外，随着科技的发展越来越快，我们每个人掌握技能的半衰期也变得越来越短。20世纪中后期，达到技能半衰期的时间约为30年，现在却仅有5年，以后可能会更短。这表明几年之后，我们学的东西也许已经没有用或者过时了，这将导致人类永远处于"菜鸟"的状态。人类必须一直保持持续的深度学习，方能跟上和引领时代的变化。

在人工智能时代，人最稀缺的底层能力是敏锐的感知力、独特的想象力、跨界的表现力、无穷的创造力、独立的思辨力。这些能力都"因爱而生"，是人类所独有的"爱的能力"。如果我们还是用19世纪的体制来教授20世纪的知识，让孩子们去应对21世纪的挑战，无疑是将他们推到了悬崖边缘。如何去应对时代的变化？不仅教育制度需要改革，我们作为教师也要不断反思。

Tips 2　　　　　　　学习，从来就是一个发现问题、解决问题的过程，不要把学生变成细枝末节上的技能型人才，而要教育成复合型人才。

对于学生主动思辨能力的缺失，教师何尝不需要自省。要知道教育环境正在发生快速而深远的变化，学习正从传统的以学校为中心迁移到以学生为中心。创新授课方式的出现让学生学习的形态越来越多元。传统的求学路径被打乱，中国在家上学的人数正在逐年增长，网课的出现又加速了学习中心的迁移，无论是国内的求学路径还是出国留学的求学路径，似乎都满足不了我们对教育的期待。

学习的方式也在发生着各种变化，最显著的变化就是学生学习的途径和设备变得越来越丰富，学习再也不是只能发生在学校教室里了。相比于传统教学方式，一切都不再是"固定"的，时间、空间、知识、人际关系，都"流动"了起来。从表面上看，"有序"与"结构"的东西都被消解了，传统的教师如果还是知识的二传手、生产低价值内容，将面临沉重打击。教师在未来不会消失，但是教师的职能会发生巨大的改变，未来的教师将是跨学科的创新人才，将扮演复合型的角色，例如课题方案的编制者、导演者、参与者、深度学习者等。

设计思维之所以风靡教育领域，正是因为它是一种认知框架，是一种基于解决问题的设计方法，它引导学生主动寻找现实问题，并创造性地解决问题。该方法对解决未定义或未知的复杂问题极其有用，主要通过以下手法来实现：理解所涉及的人的需求、用以人为中心的方式重新解构问题、在头脑风暴会议中创造许多想法、在原型和测试中应用实践方法。

# 9.3

# 设计思维与美育

我们为什么要实施美育呢？

从全球角度来看，越来越多的世界顶尖高校正在不断弱化分数评价，取而代之的是强调对学生从小到大的能力评估，包括分析与创造力、沟通能力、领导力及团队合作能力、信息技术及数理能力、全球视野、适应性与探索力、诚信与决策力、心智习惯等。过去的成绩评价体制相比于指引和反馈的作用，更多的是一种衡量标准，这导致大部分孩子努力学习只是为了拿到一个好成绩，而不太在乎到底学到了什么；新的评估体系则能让学生更积极、更自主地学习，强化他们学习的动机和对自己的期待。

从我国政策来看，高考的考试大纲也进行了很大的调整，将必备知识、关键能力、学科素养、核心价值都纳入考试范围，在应试基础上，加入了对于能力、素养的考查，相信今后这部分内容的比重也会越来越大。在美育方面，政策指出公共艺术教育的根本任务是培养学生发现美、欣赏美和创造美的能力，要转变艺术学习中只重视知识传输和技能训练的技术化倾向，加强艺术学习与其他学科的深度融合，着重培养学生的审美能力和认知素养。

　　美育是以能力培养为中心创新的教育方式；美育从真实世界的问题出发，跨学科设计课程内容；美育用最有创意的方式将教育的美呈现；美育让学生浸润其中，点燃学生的好奇心，使学生主动探索；美育把教育变得更美、更有趣；美育使学生在学术成绩上不输应试教育；美育为学生的人生打下基础而存在。

　　教育的美是浸润学生内心生命的清泉，美育是帮助学生找到自己并和自己一起出发的非凡工作。它让学生既能仰望星空，又能脚踏大地，这样的学习生活才有美可言。学生从艺术课程中接受的思维训练比他们从绘画实践中掌握的技术更重要。美育培养学生的思维方式，使他们逐渐具有真正意义上的独立思考能力和审美判断能力，能够在生活中发现美、认识美、指出美之所在。

　　那么设计思维与美育又有什么关系呢？美育像水一样，既"无形"又"有形"，既"无用"又"有用"，无形可不拘一形，无用可不限私用。美育如水般浸润，消除"五育"各自的"边界意识"，在"五育"彼此融入、渗透、融合的过程中，创新出富有生机的"五育"融合教育生态圈。美育应该用最有创意、不拘一形、不限私用的方式将"教育的美"呈现。美育可以在不推崇必然性、确定性的课题研学中，通过主题的生动设定，将多学科融合的教学方式变得极具趣味性、创新性。美育作为我们进行教育创新的独特抓手，要通过富有美感的跨学科课程设计和创新教学方法，让学生浸润其中，点燃学生的好奇心，让学生主动探索、自信创造。

　　设计思维具有理性思维和感性思维两个层面，是将美育落地执行的重要创新思维工具。美育能通过设计思维的5个步骤和6个思维工具，策划设计全新课程体系设计与创新教学方法，使课堂发生巨大转变，让学生成为独立思考者、终身学习者与创客。

# 9.4

# 设计思维的培养

　　创造力属于我们每一个人，设计思维模型能够帮助教师找到课堂与现实世界的真切连接，知道如何分辨要点，建立将知识转化为能力的掌控感，不再茫然和被动传授知识；从当下社会热点话题入手，通过思考力工具，激发调动学生的感知力、想象力、创造力；在"理性调研，感性创意"的理念指导下，针对洞察的"问题背后的问题"，组织学生"设想计划"出多角度的应对方案。根据大量案例分析，从教育1.0（以单一学科视角进行跨学科课程体系创新设计）到教育2.0（PBL项目制跨学科课程体系设计），再到教育3.0（问题实验室的平台化学习），教育创新的最大趋势是学科的边界越来越模糊，课程聚焦真实场景复杂问题，通过富有美感的跨学科课程设计和创新教学方法，美育贯穿德智体美劳全人教育的全过程。

　　我们在不确定的世界里建立自己课程的确定性，点燃学生的热情，让学生自己去探究。这里我简单总结一下在培养设计思维的过程中涉及的5个步骤和需要使用的6个思维工具。

Tips 1　　　　　　　5个步骤分别是同理心、需求定义、创意概念、产品原型、产品测试。

　　这是引导孩子以"人的需求"为中心，通过团队合作解决问题、获得创新的过程。其中，同理心是基础，想要获得同理心，孩子们要细致观察、深度访谈、彻底调查，要设身处地为用户着想，体验用户正在经历的，收集用户的真实需求，这样才能摆脱以自我为中心的思维习惯，培养起健康的成长心态；需求定义是分析收集到的各种需求，提炼要解决的问题，并用一句非常精简的话来总结自己的团队想要做什么和这样做的价值观；创意概念是打开脑洞，通过头脑风暴不断产生想法的构想过程，学会充分利用团队的集体观点、智慧和力量，产生新的想法；产品原型是将头脑中的想法动手制作出来，使用低成本的方式快速建模来呈现创意和构想，获得有效反馈；产品测试是重新检视产品原型并不断完善、优化解决方案，通过不断的失败、改进、再失败、再改进，最终做出满意的产品或方案。

Tips 2　　　　　　　6个思维工具包括理性思考三工具——时光机、金鹰眼、显微镜和感性创意三工具——五感心、小灯泡、魔法棒。

　　理性思考三工具帮助我们精准找到问题背后的问题，感性创意三工具教会我们聚焦问题，发现事物与生俱来的戏剧性。下面以一个实例来具体讲述作为教师，在设计思维培养的过程中如何更好地使用这6个思维工具。

　　这是2020年一个关于食物的项目，以"食物的奇妙之旅"为标题，目的是探寻如何减少食物的损失和浪费。

　　课程开始之初，我以图1、图2和问题"大家都爱吃什么食物？为什么？"打开孩子们的话匣子，使他们怀着活跃的心情进入课程。

　　之后再开启另一个问题"大家有饿肚子的经历吗？"并使用图3~图4的饥饿温度计来帮助孩子表达饥饿程度，让孩子回忆自己的亲身经历。为什么会饿？饿的时候是什么心情？怎么得到食物？怎么吃？吃的时候是什么心情？接着可以假设3种不同的饥饿程度，分别是一顿没吃饭、一天没吃饭、三天没吃饭，让孩子们展开想象，描述或表演这些情况下人的身体、心理状态。

　　　　图1　　　　　　　　　图2　　　　　　图3　　图4　　图5

　　接着通过一个关于难民在垃圾堆里捡吃的和粮食危机的短片来揭开课程所要探讨的问题。以上这些都是为了唤起孩子们的同理心，使他们真正意识到食物对于人类的意义。

　　下面就要使用第一个工具——时光机，提出几个有关于时间的问题，譬如"世界或中国在历史上爆发过几次大的粮食危机？导致粮食危机的原因有那些？我们要如何应对粮食危机？"通过将过去、现在、未来联系起来的方式打开孩子们的思维长度，使他们产生系统性的思考。

　　提出问题后，教师要给予孩子信任，让他们通过各种方法去寻找答案，从中学会猜想、验证和追问。教师只需提供他们所需要的工具，包括计算机、书籍等，并适当进行指导，锻炼孩子的一般推理能力、跨媒体总结能力和独立思考能力，帮助孩子成为一名独立研究者。

孩子们找到答案后，可以采用思维导图的方式进行记录，教师可针对答案再次提问。

篇幅所限，这里重点讲述了理性思考三工具中的"时光机"。其他两个工具则是从不同维度来分析问题。"金鹰眼"是指增加空间维度去思考，例如同样是粮食危机，在不同的国家和地区产生原因有何不同？程度有何不同？应对方式又有何不同？再如同样是食物浪费，在我家和别人家分别是什么情况？在我的城市和其他城市分别是什么情况？在我们国家和其他国家又分别是什么情况？"显微镜"是指放大观察维度去思考，针对一个问题的众多方面，取其中一个方面去放大并仔细研究其内因与外因，当然对于内容的选取并非随意而为，要分清楚主因和次因，抓住主因深入探究。要知道不论个人还是团队，时间和精力都是有限的，切勿浪费在细枝末节上。

通过以上的理性思考我们可以发现，哪怕是一个小小的"食物"主题，也可以涉及天文、地理、历史、政治、生物等各个方面的知识。孩子们在不知不觉中完成了一场跨学科的学习之旅。在看到别人看不到的、往深处挖的思考之后，接下来就要开始想别人想不到的、往高处飞的创意设计。

我个人认为，创意不是写、不是画，而是发现，发现事物与生俱来的戏剧性。这里就要用到感性创意三工具中的"小灯泡"，引导孩子以问题为中心，快速进行创意发散。回到"食物损失和浪费"的主题，我们发现了各种情况下的食物损失和浪费，其中极易被我们忽略的是"隐形浪费"，而与我们日常生活关系较为紧密的是"垃圾食品"，其造成的后果之一便是"肥胖和疾病"。以此展开想象，点亮我们脑中的"小灯泡"。

为了避免孩子们摸不着头脑，教师可以对想象进行大致的分类，包括有外部联系的、有内在关系的、有形体相似的、有意义相反的、有无直接关系的等。以"肥胖"为例，有外部联系的如体重秤、高糖高油高热量食品、紧绷的衣服等，有内在关系的如大肚腩、双下巴等，有形体相似的如游泳圈、气球、秤砣等，有意义相反的如羽毛、猎豹、蛛丝等，有无直接关系的如广告牌、香烟、井盖等。

我们可以把所有能想到的事物进行随意组合，来碰撞出创意的火花，下页上的图是几个典型示例。图1是冰激凌和大肚腩的组合，融化的冰激凌仿佛有着三层游泳圈且赘肉下垂的大肚腩，让人触目惊心，瞬间感觉冰激凌都变得不美味了；图2是冰激凌和心脏的组合，一个普通冰激凌中含有130毫克胆固醇，健康成年人每日胆固醇摄入量不应超过300毫克，冰激凌带给心脏的危害不言而喻；图3是薯条和香烟的组合，人们对于香烟的危害十分清楚，但对于薯条却非常宽容，以薯条替代香烟的位置，人们能够更直观地感受到高油高热量食品的危害不亚于香烟。

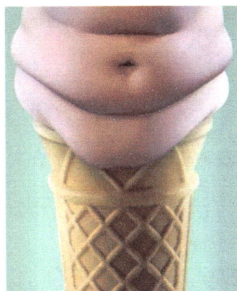　　　　

图1　　　　　　　　　　图2　　　　　　　　　　图3

除了同一角度的创意方式，还有相反角度、因果相关等创意方式。右图所示的垃圾桶将桶口和孩子的嘴巴合二为一。这是因为救助机构发现超过1亿的儿童流落街头，他们经常在街头垃圾桶里寻找食物，希望人们能够关注到这一点，来帮助这些儿童。

垃圾桶

感性创意中的其他两个工具，"五感心"是让孩子们打通五感、打开感知力，用视觉、听觉、味觉、嗅觉、触觉去感受周围的事物，包括人、动物、植物，甚至是阳光、微风、雨滴、雪花，通过亲眼去看，亲耳去听，亲自去尝一尝、闻一闻、摸一摸的方式对问题产生更深层的体会和领悟；"魔法棒"则是实现创意的工具，通过各种方法、素材、途径去激活创造力。教师在这一过程中尽量不要干涉孩子们的创作想法，更不要限制他们的创作类别，让他们自由挥舞手中的魔法棒，相信他们一定会给大家一个惊喜！

另外，大家还可以多看一些关于设计思维在教学中应用的案例，这里列举两个。

其一是某艺术大学"100根冰棒"展览。3位大学生发现自己的学校湖面上常常漂浮着一些垃圾，他们便用了整整1年的时间进行资料收集、原地考察，采集

"100根冰棒"展览

该地区的北部、中部、南部、东部共100处污染水源，制作出"纯污水冰棒"，并将其和检测报告一同呈现在大家面前。他们在报告里记录了每一根冰棒的成分和污染类型，并调查了污染来源和原因，使用不同颜色的包装代表不同污染程度，给人们带来视觉上的冲击，提醒人们"污染就在你嘴边"，呼吁人们重视水体污染情况，重视环境保护。

其二是某小学跨学科项目"重建潘多拉星"。在设定的情境中，孩子们跟随教师一起沿着潘多拉河寻找栖息在丛林深处的动物。围绕这条河，从水中到森林里，再到天空中，这些动物们相互依存又相互制约。通过这次探险，孩子们从内心深处理解

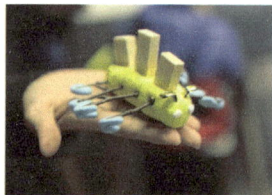

重建潘多拉星

了由大自然串起的这条美丽的生态项链；之后又共同创造了级别不同的潘多拉昆虫，并且展开了一次有趣的热带雨林探险。创作完成后，他们还面临一个问题：如果必须淘汰一个动物，那将是哪一个？出乎所有人预料，孩子们并没有以简单的好不好看或"淘汰你的、留下我的"作为标准，而是从整个生态系统角度考虑，选择对生态系统影响最小、同等级别中最有其他替代生物特质的那个。这让人不禁惊叹，"孩子的力量"不容忽视！

# 9.5

# 美育与设计思维　　智能时代的
# 实践课　　　　　　设计思维

## 编程设计

| | |
|---|---|
| 课　　时 | 1小时 |

| | |
|---|---|
| 年　　龄 | 7~10岁 |

| | |
|---|---|
| 课程体系 | 了解课程目标和背景 |
| | 学会使用编程软件实现自己的设计理念 |
| | 在符合课程要求的基础上扩展设计的边界 |

| | | |
|---|---|---|
| 课程内容 | 了解<br>课程目标 | 对于课程目标的相关背景、文化习俗、艺术元素等进行介绍，这里分为"川剧变脸"和"火星建筑师"两个单元 |
| | 学习<br>相关程序 | 对于程序的原理、应用条件和相关注意事项做出详细讲解，教会学生使用关键程序 |
| | 实现<br>设计目标 | 引导学生通过编程软件做出符合要求的程序，并在其中加入个性化的设计 |

# 认识
# 川剧变脸

川剧脸谱

首先总结世界几大剧种——音乐剧、话剧、歌剧、戏剧等，而中国独有的是戏曲；接着视频展示各种戏曲种类，让学生认识到戏曲种类繁多，并引导他们进行区分；最后让学生认识戏曲中的川剧和川剧脸谱，展示川剧的特点，聚焦川剧变脸，引出利用编程软件实现效果。

## 学习"川剧变脸"的
## 相关程序

　　通过提问互动的方式，带着学生分析程序思路：画脸谱、脸谱跟随、切换脸谱。

　　要让学生学会设计、绘制脸谱，锻炼学生使用编程软件设计图案的能力。通过展示各种脸谱总结脸谱特点，接着让学生使用编程软件设计至少两个脸谱。

# 学习
# 目标

**目标一**

　　脸谱跟随，运用人脸识别技术，实现脸谱跟随的效果。

**目标二**

　　切换脸谱，运用人脸识别技术，实现脸谱切换的效果。

**目标三**

　　完成川剧变脸的动画效果。

"川剧变脸"动画效果

# 认识不同建筑

利用视频或图片让学生认识各种不同的特色建筑，并简单分析它们的特点和所适合的环境，接着抛出课题"未来科技发展，人类移居到火星，需要远程在火星建立房屋"，引导学生思考解决方案。

土楼主要分布在福建西南部，诞生于宋元时期。由于当时北方战祸频繁，加之天灾肆虐，不断有中原人迁徙入闽，而福建西南山区地势险峻，人烟稀少，常有野兽出没，盗匪四起，因此聚集力量、共御外敌成为生存的必需条件，集群居和防御功能于一体的土楼应势而生。

南靖土楼

水岸吊脚楼

吊脚楼通常分布在渝东南及桂北、湘西、鄂西、黔东南地区，依山靠河就势而建。一般正屋建在比较稳固的实地上，厢房除一边与实地和正房相连，其余三边皆悬空，靠柱子支撑。吊脚楼优点众多，高悬地面，既通风干燥防潮，又能防毒蛇、野兽，楼板下还可放杂物或驯养家畜。

蒙古包是蒙古族牧民居住的房子。过着游牧生活的牧民需要赶着他们的牲畜不断寻找新的草场，而蒙古包便于搭建和收起，可以方便地转运到下一定居住点，也就成为他们最佳的房屋选择。蒙古包看起来好像很小，其实内部面积很大，而且冬暖夏凉，不惧风雨，十分适宜居住。

草原上的蒙古包

# 学习"火星建筑师"的
# 相关程序

　　让学生学会通过编写程序实现3D打印软件的打印功能，从而打印出自己所设计的作品。教师要提醒学生注意编程中的一些细节，例如数值设置的合适范围、程序运行的先后顺序等。

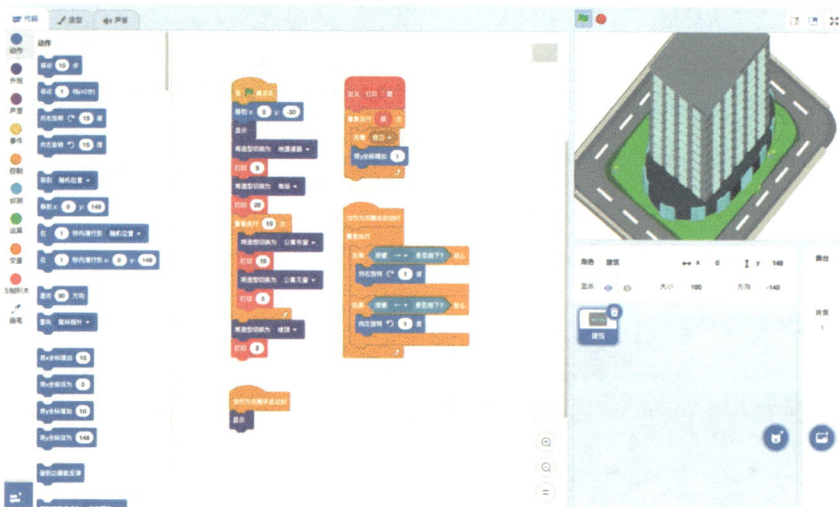

程序设计界面

# 实现"火星建筑师"的
# 设计目标

　　建筑的造型、特点等尽量让学生自主设计，设计目标是建造出合适的火星居住区。教师需要给学生补充火星环境、3D打印技术和建筑特征的相关知识，引导学生思考什么样的建筑更加适合火星环境。学生则需要了解火星的环境，预设在火星生活会遇到的问题，提出在建设过程中所遭遇的困难，等等。另外，本课程还可以通过让学生学习3D打印技术，引导学生思考使用3D打印技术进行建筑建造的可能性，让学生意识到程序在设计中起到的重要作用。

# 于妙说

I　　　人工智能是辅助教学的，根本目的是给教师提供更多方法去真正
了解学生，从而实现因材施教的个性化教育。

II　　　在多元化的当下，设计思维逐渐拓展到设计领域之外，演变成从"同理心"出发，发现问题、创造性、批判性、系统性的思维方式，提倡跨学科地解决实际复杂问题和应对未知挑战。

III　　　创意就是意料之外、情理之中，前者可以让人关注
你，后者则可以让人记住你。

IV　　　创造力是分层的，认知的深度决定了创新的高度，表层的技能创新是内卷化的"创新"，只是以创新的瓶子，盛着循规蹈矩的旧酒，并不是真正意义上的创新。

V　　　让大家学习美育体系中的设计思维，希望所有人都能获得"感受生命感受美，改变世界改变你"的能力。

VI　　　通过跨学科与艺术的结合，重视在艺术过程中孩子们的感知、体验与互动，从而突破单一美育认知，进入包罗万象的艺术世界。

VII　　　跨学科合作在操作层面困难重重，很多合作无疾而终，症结往往在于本位思考不容易打破，而设计思维能够教会学生换位思考，从细微处入手，思考人们的真实需求，重新界定各个行业的边界。

# 宋立民

清华大学长聘教授，清华大学美术学院环境艺术设计系主任。专业领域：设计学。兼任教育部艺术设计类教学指导委员会副主任委员、教育部职业院校艺术设计类专业教学指导委员会图书插图专委会主任委员、教育部学位与研究生教育发展中心学位论文评议专家、中国美术家协会环境艺术设计委员会委员、英国景观研究会（Landscape Research Group UK）会员、清华大学美术学院城市景观设计研究所所长等职。

# 10

## 美育中的
## 生活方式与设计

本章首先解释了设计和设计学科的内涵,将生活方式定义为设计的隐性结构,并且以"设计是生活方式的显性结论"为论点,分别从古今中外举例进行解释分析,还紧跟时事,探讨了互联网和物联网对于人们的生活方式和设计的影响。

# 10.1

# 设计与设计学科

清华大学美术学院是全国著名的设计学院，脱胎于1956年成立的中央工艺美术学院。在当时的经济体制下，"三大美院"之一的中央工艺美术学院主要负责与人们生活息息相关的"衣食住行"，当时还没有"设计"和"设计学"之说，这一使命从中央工艺美术学院的徽标中就可看出，该徽标的4个图案分别代表服装、瓷器、房屋和车轮，与衣、食、住、行相对应。

在20世纪50年代，"三大美院"建立之初，中央美术学院的主攻方向是油画、版画、雕塑等，中国美术学院（前身为杭州国立艺术专科学校）的主攻方向是国画，中央工艺美术学院的主攻方向是衣食住行的设计。发展至现代，中央美术学院和中国美术学院都开设了设计学，清华大学美术学院也开设了美术、雕塑等专业，呈现出百花齐放的状态。清华大学美术学院从传统上就注重设计，设计学科评估也一直是全国第一。

谈到学科，中国的高校共有13个学科门类，艺术学在2011年独立于文学成为一个单独的学科门类。在现代，美国有38个学科门类，欧洲有16个学科门类，其中，美国的第28个学科门类、欧洲的第11个学科门类与中国的第13个学科门类直接对应。我们进行系统性美育学习，要对各个国家的学科的架构有所认识。

以清华大学美术学院为例，在清华大学中，学科主要分为理工和人文两大类，艺术属于人文类，而在学术界又将学科分为科学和艺术两大类，设计学属于艺术门类，学科代码为1305，其下又开设有艺术设计学、视觉传达设计、环境设计、产品设计、服装与服饰设计、公共艺术、工艺美术、数字媒体艺术、艺术与科学9个专业方向。

人类系统化的知识主要是以学科专业的形式出现的，但知识的划分却是人为的产物，划分学科专业是高等教育发展的逻辑规律。在中国，学科设置是"对学科发展和科学研究进行管理是基本而有效的手段之一"，强调学科专业划分在管理上的"规范功能"，其在培养高层次创新人才，推动和引领大学学科建设与发展，催生新的学科生长点，促进国际学术交流和合作等方面，都具有十分重要的作用。一些高校以学科为单位来进行资源配置，诸如项目和课题、科研经费、研究生和导师指标、实验室面积、成果鉴定、职称评定等，都以学科为"法定"依据。

学科划分虽然有助于知识的系统化，但也存在许多负面影响，如果学科划分不当或过度强化细化，也可能会带来学术活动内容的支离破碎，可能形成"学科壁垒"。现在提倡的便是打破学科壁垒，设计学和其他学科都可以交叉出新的方向。目前整个世界的教育方向就是不断地交叉、融合出新的学科，不再在固有的学科下做细分。袁隆平就是一个典型的例子，他就做了农业的跨学科，他的成就相当伟大，这也可以体现出跨学科的巨大力量。所以跨学科是一个重要的课题。原本的学科和其他的学科进行交叉融合，这是今后的学科发展趋势。

# 10.2
# 设计与生活方式

生活方式是一个内容相当广泛的概念，它包括人类的衣、食、住、行、劳动工作、休息娱乐、社会交往、待人接物等物质生活和精神生活的价值观、道德观、审美观，可以理解为在一定历史时期与社会条件制约下，个人、群体、社会成员所形成的满足自身生活需要的活动形式与行为特征体系。

学术界将生活方式研究界定为广义和狭义两个方面：广义的生活方式涵盖与人类生存和生活相关的所有劳动、政治、宗教、精神、消费等方方面面；而狭义的生活方式主要指日常生活，包括家庭生活活动、闲暇生活与物质消费，可概括为"衣、食、住、行、闲"。

关于生活方式的研究，在西方最早由马克思提出，在中国最早则可以追溯到春秋战国时期的墨子。墨子曾经说过"食必常饱，然后求美；衣必常暖，然后求丽；居必常安，然后求乐"，意为饮食必须先达到能够经常吃饱的程度，然后才能进一步要求食物精美；衣服必须先达到能够经常穿暖的程度，然后才能进一步要求服饰华丽；居所必须先达到能够经常安宁的程度，然后才能进一步要求享乐。可见墨子认为人的基本生存需求被满足之后，才会去考虑、追求进一步的精神需求。

这个基本的生存需求其实就是我们所说的"衣食住行"，只不过不同的是，墨子将"食"排在第一，是"食、衣、住"，当时"行"不是最重要的，因为在2000年前，全世界有90%的人，其活动半径只有5公里。西方关于人类需求层次的理论是马斯洛在1943年的《人类动机理论》一书中提出的，他认为人类需求从低到高一共分为5个层次，分别是生理需求、安全需求、社会需求、尊重需求、自我实现需求，这些需求如同金字塔的阶梯一般，通常只有低层次需求得到满足后，才会向高一阶的层次需求发展，这与墨子的观点不谋而合。

设计是显性的，由形式、观念组成，其中包括时间因素、空间因素、物质因素等显性的组成部分；而生活方式实际上是个隐性的结构。决定设计形态的，看上去是形式、观念、时间因素、空间因素这些显性结构，但实际上影响设计的最重要的因素是生活方式，即设计是生活方式的一个显性结论。

Tips 1　　　　　　　　生活方式与设计其实就是设计学和社会学交叉而引发的一个关于设计的新方向。

以冰山为例，海面上显露的冰山一角是对其下方巨大的隐性结构的反映，这其实就是生活方式与设计的结构写照。所以我们如果深究设计，就一定要了解生活方式，如果不了解生活方式，那么我们所做的所有设计，都是表面文章，都是皮毛，都是冰山上的一角。

下面以几个例子来分析设计与生活方式的联系。

其一，以一块非常典型的波斯地毯为例，它的背后其实隐含的文化内涵是伊朗（古称波斯）地区人们的蓄水观念。大家可以看到，针对下页图1中的波斯地毯，通常在美术专业课上会分析它的图案、色彩的变化和各区块的相似之处，以二方连续、四方连续的方法论加以解构，但如果深入了解它的背景，会察觉其中当地人生活方式的深深烙印。地毯的主线是由水系串联起来的，纵横交错的十字形水系围绕着几何形的花坛，花坛内有各种花草树木的图案，水系中还有代表游鱼的线条，那么这样的构图是如何产生的呢？再来看下页图2，这是一张古埃及金字塔侧壁拓片，展现了5000年前埃及国王的住宅平面图。最外层是起到边界和防御作用的高墙，内侧种植着类似胡杨的高大乔木；接着是第二道略矮的围墙，里面种植着类似椰树的果树，再往里则是两条线组成的高台，中心合围出一个池塘，池塘中水波荡漾，还有一艘公主乘坐的游船游弋其上，可见池塘之大。池塘与最左侧的居住区形成鲜明对比，反映出国王的住宅内房屋可以很小，但院落一定要很大，这样的设计又是为何呢？

接着来看图3，这是一幅绘制于公元前1420~前1375年的作品，名为《有水池的花园》，在其中亦可见花园内水池占据了较大的空间；图4是根据出土文物还原的古埃及普通百姓居所，即便占地面积不大，也同样在院内设置有水池；而图5则反映了3000年前古埃及贵族的园林格局，广阔的区域内设计了4个水池，它们都反映了"水"在古埃及有着举足轻重的地位。因为古埃及最主要的河流尼罗河属于季节性河流，春夏为丰水期，秋冬为枯水期，所以上至王公贵族，下至平民百姓，都要在丰水期安排储水的事务，以此保证顺利度过枯水期。从这里可以看到，地毯的设计、园林的设计、城市的设计，实际上都和生活方式息息相关，尽管时移世异，它们仍都是根据传统的生活习俗来设计的。

图1　波斯地毯

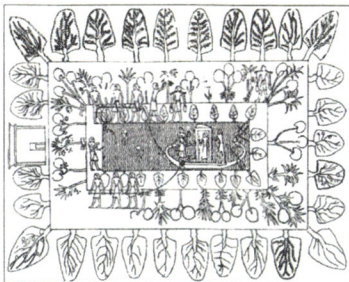

图2　古埃及金字塔侧壁拓片

图3　《有水池的花园》

图4　古埃及住宅模型还原图

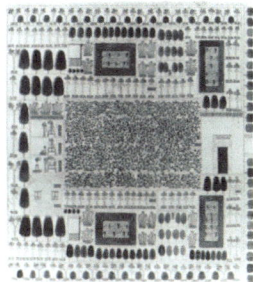

图5　古埃及贵族园林拓片

其二，讲一个我国的例子。《韩熙载夜宴图》记录了南唐时期贵族的生活，这幅图里许多小细节都是研究当时生活方式的重要信息。这幅图的创作背景是南唐后主李煜担心韩熙载谋反，派画家顾闳中去参加韩熙载举办的宴会并暗中刺探虚实，于是顾闳中在画卷中记录了当天的场景。对于这幅图，各种从艺术专业角度出发的分析非常多，我们在此不再赘述，而是重点关注图中所传达的针对"衣、食、住、行、闲"等方面的大量信息。

首先，衣——服装。韩熙载三换服装（图1、2、3），分别对应了不同的生活和宴会场合，有随意的袒胸露乳，也有庄重的衣冠整齐，可见当时人们对于待客礼仪的讲究和重视。另外，在其中一个场景中（图1）左侧5位奏乐女子身着丝绸裙衫，色彩搭配清丽脱俗，浅色与深色相互搭配，随意下垂的飘带点缀其中；而在最右侧的场景中（图2），红衣男子显然是宴会的贵客，因为南唐规定三品以上官员方可穿一身红色服装，这反映了服饰制度的规范及其与官阶权利的对应关系。

其次，食——宴饮。画卷最右侧的场景（图2），表现出不同宾客的饮食规格，右侧官员的桌上是8大碟8小碟，左侧新科状元的桌上是4大碟4小碟，同时可以看到官员桌上是有酒壶、酒杯的，而状元的桌上则没有，这也是对应于当时的朝廷制度，只有大于某个年龄的官员方可饮酒。

图1　　　　　　　　　　　　　图2　　　　　　　　　图3

图4　　　　　　　　　　　　　图5　　　　　　　　　图6

再次，住——家具。画卷多处（图1、图2、图4、图5）描绘了南唐的室内家具，有椅、凳、桌、榻、床等，当时中国已经摒弃了秦汉时期席地而坐的习惯，接受了从西方传来的胡床、胡椅，并发展出各种样式的高足椅。

最后，闲——娱乐。既然是夜宴，必然载歌载舞，整幅画卷都充满了娱乐闲适的气息，其中（图1、图2、图5、图6）有笙、箫、大鼓、小鼓、琵琶等乐器，有专职奏乐、打板的人，亦有舞蹈的艺伎，呈现出一派太平盛世、处处笙歌的场景。

与该作品相似的是《清明上河图》，它反映了北宋老百姓的生活方式。重读艺术作品，重读设计作品，然后找到艺术作品、设计作品背后的生活方式，这就是值得探讨的价值所在。

其三，来看看西方著名的雕塑《大卫》，它的诞生与黑死病密切相关。当时黑死病席卷欧洲，大约有1/6的人口死于黑死病，许多木刻和油画都表现出当时人们在恐怖疫情下的行为和心理。黑死病在某种程度上直接推动了人文主义的诞生，其内涵是神救不了我们，人类必须自救，最重要的是尽快恢复身体、恢复战斗力。米开朗琪罗的《大卫》展示的是古典神话的男子形象，健康典型，意图在疫情期间振奋人心、鼓励人们锻炼身体，尽快恢复健康。其实在文艺复兴之前，是不允许艺术家创作裸体作品，也不允许解剖人体的，所以文艺复兴三杰他们开始创作裸体雕像、研究人体比例、绘制裸体人物，代表着反叛精神，宣布了他们对宗教不再信任，信任的是人本身，他们在美术史上、艺术史上、生活方式上都推动了一次大的变革。

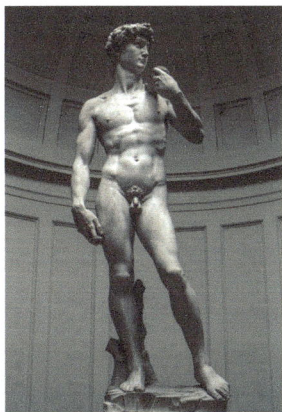

米开朗琪罗《大卫》

思想上的转变带来的改变就是生活方式的解禁。首先是沐浴的解禁，在黑死病爆发之前，宗教颁布的戒律中有一条是"除却受洗时的沐浴，人一生中都不允许洗澡，也不鼓励更衣，要将身体原原本本地交还给上帝"，这就使得当时的人们生活在非常不卫生的环境中。黑死病之后才放开了对于人

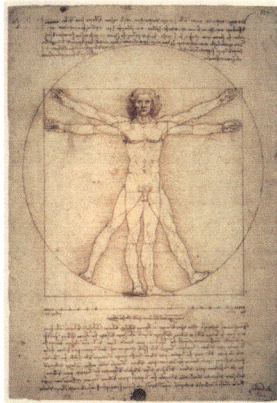

达·芬奇《维特鲁威人》

们沐浴更衣的要求，而且欧洲沐浴的解禁实际上促进了文艺复兴之后服装设计行业的兴盛。其次是分餐制的实施，虽然大家看到现在的西餐都是分餐制，但其实欧洲在早期是共餐制，而且是等级共餐制，年长者或官阶高者先吃，而往往年迈的人更容易被病菌感染，从而造成传染病的广泛传播。自黑死病之后才实施了分餐制，如

特洛伊《蚝式午餐》所示。最后是房屋结构的改造，文艺复兴之前，意大利普遍是人畜共居的木质房屋结构。而黑死病，也就是鼠疫，会先传染牲口，再经由蚊子、跳蚤等从牲口传染至人，这种房屋结构是极其危险的，因此其由砖石结构代替，并在米兰首次建立了隔离制度来对抗瘟疫，这一方法也被沿用至今。

特洛伊《蚝式午餐》

其四，用电影来分析生活方式。由于电影的时间是动态的，因此它对生活方式的表现力更加强。从《了不起的盖茨比》这部电影里，我们可以看到美国19世纪20年代上层社会的生活方式，包括衣、食、住、行、闲各个方面，华丽的服饰、精致的饮食、繁复的家具、昂贵的汽车、奢靡的派对等，都体现出当时美国的社会繁荣、物质优越、经济蓬勃，同时反映了人们对于财富的追求和纸醉金迷的享乐主义。

但是，金融危机彻底改变了当时人们的生活方式，他们开始崇尚简约随意、平等实用的原则，衣食都尚简，如牛仔衣、快餐。另一个方面是住和行，虽然衣食上尚简，但在住和行上却并不朴素。比如19世纪50年代前后推出的"加州住宅计

西海岸的私人花园

划"，是兴起于美国西海岸的私人花园风格的住宅，其中最为著名的便是托马斯·丘奇所设计的"唐纳花园"。相互连接的室内外场地、结合木制和混凝土的露天平台、流动线条构成的肾形游泳池、不规则的草地和绿植等娱乐设施，与远处的海湾和田野遥相呼应，成为一处既开放又密闭的私人花园，这种住宅毫无疑问地迎合了美国经济复苏后中产阶层对于居所的室外环境要求。

# 10.3
# 时代的影响

毫无疑问，人类的生活方式会随着时代的变革而受到或潜移默化、或翻天覆地的影响，这里我们重点说一下当下生活方式与设计的变化和联系。

第一，对原本生活方式的冲击。时代变革首先冲击的是人们原本的生活方式。每一次的变革都带来了设计观念的更新和进步，一定也会推动设计上的调整，大家要保持对这种调整的敏感性。

第二，人们的反思与改变。比如在人口密集的大城市生活会有一些隐藏危险，所以之后住的形式可能会有所调整，可能会向一种低密度、绿色的形式转变。平层花园今后会是一种住宅新模式，在住宅内加入绿化装置，这应是今后住宅的一个推广的重点，比如意大利米兰垂直森林，将绿植与住宅有机结合，使自然成为建筑的重要组成部分，被誉为全球最美摩天大楼，也成为未来摩天大楼的典范。目前我国的多个城市已经开始推广或建造类似的建筑项目。

意大利米兰垂直森林

许多国外的公共空间设计都有所改变，新加坡、纽约等地的公园都采用不同方式以减少人流拥挤的风险；奥地利维也纳的指纹公园、交通工具上的错位立体空间等设计使得在保持空间感的同时亦不影响外出。

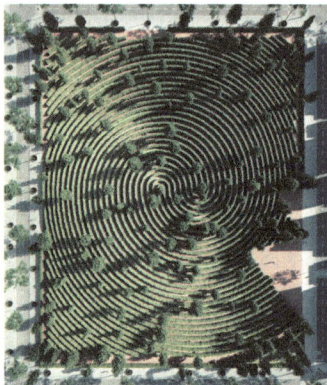

奥地利维也纳指纹公园

错位立体空间设计

　　第三，网络和共享经济的力量。以我正在进行的一个课题为例，我们提出一个问题：10年或20年以后，我们家里的衣橱空间会越来越多，还是越来越少？有的同学认为越来越多，因为社会进步、物价下降；有的同学认为会越来越少，因为物联网的发展促使交换经济、共享经济发展，类似的还有网约车、外卖、民宿等的出现，这些已经成为我们生活方式的一部分。

　　所以，衣食住行都会受到互联网的影响，会改变我们的衣食住行、思维方式和行为模式，这是课后我们需要思考的问题。海尔智能家居就是一个典型的案例，现在华为也在做类似的事情，传统的功能分工被打破，冰箱点外卖、汽车支付，这些都彰显了互联网和物联网的强大力量。

　　第四，保持幽默和对美的追求。除了严肃地思考衣食住行的问题，还要保持艺术家的幽默以及对美的追求。美育为什么要贯彻在我们生活的方方面面？因为美是在任何时候都能给我们带来愉悦的一种有创造性的内在动力。因此，即使是在困难的情况下，我们也一定要坚持对美好生活的追求，用一颗艺术家的轻松的心去应对任何艰难困惑的时期。我们的美育，我们的艺术，我们的设计，都应该能够使人保持愉快的心情，保持一颗轻松的心。

## 10.4

# 美育与生活　　生活家具的
# 实践课　　　　设计

## 我的小床

| | |
|---|---|
| **课　　时** | 1~2小时 |

| | |
|---|---|
| **年　　龄** | 6~9岁 |

| | |
|---|---|
| **课程体系** | 认识床的基本造型 |
| | 学习设计自己的小床 |
| | 为小床赋予独特的外形和特殊的功能 |

| | | |
|---|---|---|
| **课程内容** | **认识**<br>**床的设计** | 带学生观察、了解床的造型结构 |
| | **准备**<br>**绘画材料** | 准备素描纸、铅笔、橡皮、黑色油性记号笔、水性水彩笔等 |
| | **优秀**<br>**作品示范** | 将多幅优秀作品作为示范，启发孩子在构图设计、色彩搭配上的灵感 |
| | **学生**<br>**作品展示** | 展示学生的作品，对每一幅作品都要看到其优点，采用鼓励的方式对待作品，建立学生对设计的自信心 |

# 认识
# 床的设计

在日常生活中，床是我们必备的生活家具，一张符合孩子喜好的床不仅能带给孩子舒适的睡眠，还能帮助孩子养成按时睡觉的良好习惯。教师可以先展示一些常见的床的图片，引导孩子去认识床的结构，然后鼓励他们设计出"自己的小床"。

各种各样的床

在现实生活中，虽然儿童床相对于成年人的床来说，设计更为精细、风格更为可爱，但仍不免被实用性和家长的喜好所限制，哪怕是个性化的汽车造型、南瓜马车造型等，也未必是他们心目中的最佳小床。况且对于孩子来说，天马行空的想象本来就是他们与生俱来的能力，量产化的床即便再符合孩子的特性，也不容易满足他们的期待，因此让他们自己来设计自己的小床才是最好的选择！

多样的设计元素

认识了大部分现实中的床之后，教师可以引导孩子设计拥有特别外形和功能的床，比如可以把床的形状设计成各种各样的动物、水果、汽车、飞机等，还可以为小床添加夜灯、闹钟、讲故事、播音乐等功能，邀请1~2个孩子跟大家分享自己的想法。

## 准备绘画材料

　　准备需要用到的材料，包括素描纸、打草稿的铅笔和橡皮、确定线稿的黑色油性记号笔、涂抹颜色的水性水彩笔。

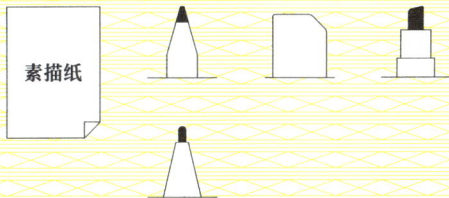

## 优秀作品示范

　　也许不是每个学生都能快速冒出一堆想法，甚至有些学生会不知如何下笔，此时适当的示范和引导就非常有必要了。教师可以举一些同龄人创作的例子，来鼓励学生大胆创作，不必拘泥于形式。

　　对于示范性作品，教师可以从不同方面进行介绍，比如巧妙的构思，将床画成汽车的形状，让小动物也有自己的位置，把云朵当成床等；比如鲜艳的配色，黄色和蓝色的碰撞，不同深浅紫色的搭配等；再比如新颖的设计，带有音乐播放功能、能够飞行、有可以玩耍的滑梯等。但教师千万不能对主题、色彩或其他方面进行限制，教师最主要的作用是引导，是拓展孩子思维，避免弄巧成拙，反而禁锢了孩子们的想法。

## 学生作品展示

　　引导学生学习运用生活中常见的外形设计功能多样的小床，并运用彩色线条图形装饰。对于学生的作品，教师可以让他们自己阐述设计观点，还可以让学生之间互相评论，并借此机会再次进行思维的拓展。

学生作品展示1

针对这幅作品，教师应该观察到这是一个非常有爱心的小女孩设计的，她将自己和姐姐的床设计在一起，并且用一个大大的爱心包围，配上蝴蝶和糖果的装饰，营造出一个温馨的家庭场景。

绘制这幅作品的小男孩非常热爱大自然并富有冒险精神，他的画中充满了各种植物，还有外形如同苹果、毛毛虫的轮廓，并使用了怪兽的英文来表示它，各种元素十分丰富。

学生作品展示2

学生作品展示3

这幅作品虽然配色十分简单，但对于线条的运用却非常巧妙，绵羊的卷毛、土地的沟壑、边框的波浪形成呼应，土地中冒出的小绿芽象征新生命破土而出，睡着的"小绿人"仿佛也是正在生长的小种子。

# 宋立民说

I　　通过对设计与生活方式的案例分析，从波斯地毯到宋代绘画，到米开朗基罗的雕塑，再到美国电影，都说明作品设计的背后，生活方式起着关键的作用。

II　　我国与欧洲、美国的艺术体系既有相同点，也有不同之处，了解这些异同点有助于我们更加系统全面地学习和实施美育教育。

III　　冰山理论告诉我们隐形结构是生活方式最重要的决定因素，也是设计学与社会学要进行跨学科交流的基本条件。

IV　　作为教师，我们留给学生的作业一定要尽量少设置限制，充分发挥他们的想象力，不论是对古代生活方式的梳理，还是对未来生活方式的展望，抑或是对当代生活方式的改造，都是设计美学的范畴，真正做到百花齐放。

V　　不论是《韩熙载夜宴图》，还是《清明上河图》，它们都画得非常严谨，表现出相应时期的生活方式，通过重读艺术作品，重读设计作品，找到作品背后的生活方式，就是我们普及美育的意义之一。

VI　　大家如果去按照将设计与生活方式相关联的方法展开去探讨每一个设计背后的生活方式，就会发现案例像万花筒一样，无穷无尽。

# 肖　薇

清华大学艺术教育中心副主任、副教授，艺术团话剧队指导教师。中央戏剧学院导演系博士，北京师范大学艺术学博士后，美国纽约大学访问学者。中国高等教育学会美育专业委员会常务理事。研究领域：剧场中的导演艺术、戏剧的启示与疗愈价值。出版学术专著《诗梦艺术的奥秘——戏剧与电影导演创作的共质性探究》。

# 11

## 美育中的
## "寓教于戏"

"Incorporating Education
into Drama"
in
Aesthetic Education

本章以清华大学话剧队排演青春版《雷雨》的创作
实践为例，回顾并深入分析在创排过程中所采取的
一系列以演出为目标、以育人为手段的创作举措和
方法，力求探究在综合类大学通识艺术教育过程中，
如何引导学生重新解读经典作品、锐化感知、开发
思维、指导排练，展开对演出现实意义的研讨，从
而达到"全人培养"的美育效果。

# 11.1

## "寓教于戏" ——《雷雨》

2018年岁末,青春版《雷雨》的专场演出在清华大学蒙民伟音乐厅如期上演。作为话剧队的指导老师、此剧的导演,在为期3个月的排练中带领学生做了很多创作与教学工作,留下了大量文字记录。回顾与反思之后,我想将此次创作作为一类戏剧教育的典型样本——关于"寓教于戏"的美育理念与方法进行深入讨论、探究。

古罗马诗人贺拉斯在《诗艺》中提出了著名的"寓教于乐"的美育观念,他说:"寓教于乐,既劝谕读者,又使他喜爱,才能符合众望。"这里的"寓"指寄托,意思是将教育寄寓在乐趣中,通过有意味的形式,通过教学中的认知因素引发学生兴趣,使其带着良好的情绪进行学习。"寓教于戏"是在"寓教于乐"基础上的延展和深化,即结合对戏剧艺术的阅读鉴赏、理解分析、创作排演等艺术实践活动,对学生进行引领和激发的一种有价值的教育形式。下面以青春版《雷雨》的创排为例,从文本研讨、教师引领、排演方式、反思展望4个维度,谈谈对"寓教于戏"美育理念的贯彻实施与理解反思。

Tips 1　　　　　　　　第一步,情感启发,理性深辩。

"寓教于戏"要求创作者在感性认知基础上对戏剧文本进行理性分析、改编整合,集体探索经典作品的现实生命力与时代意义。

在中央戏剧学院导演专业的教学中,教师经常强调在进行剧本分析与导演构思时要注重"演出的现实意义",即赋予剧本以现实思考和时代价值,要去考虑这部作品带给观众什么样的思考,可以和观众在哪些方面做深入的探讨与交流。对于本次参与创作排演的清华大学话剧队来说,参与演出的学生和观众都是年轻人,之所以称其为青春版《雷雨》,就是希望鼓励年轻演员展开集体研讨,赋予这个家喻户晓的经典作品以新的生命力,探索作品与当下观众所产生的思维碰撞,而想要实现这一点,最为重要的就是深入地解读剧本。

创作伊始,我要求每一位演员在精读文本的基础上进行思考,思考的重点在于寻找自己与这个作品、角色之间的关系。为此,我不断向演员提问,比如怎么定义自己、如何描述角色、对剧本的第一印象是什么、如何理解剧本中关于"雷雨"的隐喻、什么是自己生命中的"雷雨"、对于自己所饰演的角色有什么样的意象和想象、自己和所饰演的角色之间有哪些联系、如何理解人物的心灵困境以及对未来的排练有什么样的期待等。针对演员的回答,结合集体讨论,我们提出"心狱"的主题,并建构了演出形象种子——"身陷心狱的哀嚎"。牢笼上方的乌云伴随着远方的雷声慢慢压向地面,大雨即将侵袭的瞬间,困兽在牢狱中发出凄厉惨烈的哀鸣。从"雷雨"到"雷狱",是我们想要探索的意象。

接着,作为引导者,我再次提出每一位演员都需要深度思考的问题:如果"心狱"是一种隐喻,那它对角色意味着什么,每个角色之间情感与心灵的牢房究竟是什么,又是什么引发了这种"狱"的困顿,自己的心狱与角色的心狱有哪些相同和不同等一系列问题。我们把"雷狱"看作串联剧中人物的一种深层关系,"心狱"意象原型在创作中不断深化,这是对于作品的一种新的延展和思考,它可能是潜意识里莫名而现的挣扎与恐惧,可能是面对生存和精神困境的回应,促使观众对作品展开不同角度的思考。在围读和研讨中,主创团队深入挖掘剧本,与此同时,我根据实际需要开始删减剧本。新剧本无文字与内容添加,剧本从4幕变成7幕、剧中8位角色删减为7位,此外剧中还加入了现场即兴演奏等强有力的音乐表现方式;将注意力集中在人物性格和彼此之间深层的情感关系上,带领演员进行探索与创作。

Tips 2          第二步,主客转化,融合激活。

　　"寓教于戏"需要进行教师与导演双重身份的融合转化，并在创作过程中注重身体和情感的双重激活，创造性地启发演员的真挚表达。

　　传统意义的舞台导演有3重身份：剧本的解释者、演员的指导者、综合艺术的创作者。在这次实践过程中，我以"育"为核心，将激活演员的创作内驱力作为重点放在排演的首位。到了正式排练阶段，我首先采用"身体开发与训练"的创作方式，让演员感受自己和角色之间的关系：第一，用呼吸去连接自我的感受、延伸五感的知觉，与自己的身体、他人、团体达到同频连

人物定妆与关系照，从左上至右下依次为周朴园与鲁侍萍、鲁贵与鲁侍萍、周萍与繁漪、周冲与鲁四凤

接状态；第二，用步伐和声音将角色唤醒，关注每个角色特殊的身体部位（如手部、足部、眼睛、脊椎、肩膀、步伐等），先具化角色的身体状态，再探索身体形态的塑造起点；第三，利用"想象中心"的训练方式，让演员沉浸于身心合一的状态，并逐渐精确定位，从一个想象的中心区域开启身体的运动姿态，以这种可变方式进入"心理姿势"的原型状态，如右上图所示。另外，我还使用了心理剧的方式，让演员呈现空间中的人物关系图谱；用角色法中"辅角"和"替身"的方式探索角色的内在声音；用"关系雕塑"的方式进行即兴创作，完成一些剧本中没有给出的场景和段落，激发参与者的情感互动。排练过程从"观察—感受—激活—表达"4个层面调动演员的情感与想象。

　　纵观整个排练过程，我们所经历的创作阶段大致分为即兴、规定、细节、自发

4个部分。即兴创作部分主要是调动演员的自发性，给予他们充分的自由和选择的可能，使其凭借对角色的最初印象去体验、感知、激发直觉与创作想象；规定创作部分是回到剧本，研读每一句台词的潜在含义，帮助演员深入分析台词、理解人物内在的精神气质；细节创作部分要求在每一个瞬间和每一段时空关系里感知和细化表现力，这是在直觉基础上对表演技巧的一种探索；自发创作部分最终由演员在舞台上进行即时的、连贯的、酣畅淋漓的表演，体现出戏剧在舞台上的终极生命力，让表演的魅力如生命般酣然绽放。全组学生在参与剧本研读、排练体验、深化认知、表演呈现的过程中展示出强烈的好奇心与创造性。

Tips 3

第三步，协作学习，全人培养。

"寓教于戏"要求制订科学的排练计划，注重团队情感共融，团体相互协作、相互激励、彼此学习，将全人培养的美育理念作为立戏之本。

除了自由而感性的创作想象之外，我要特别强调的是，戏剧作品的创作排演过程需要科学的方法。虽然艺术创作本体离不开感性认知，但是艺术的运作规律和流程却需要理性和逻辑。比如，在排练的时间安排上，我们有4个明确的阶段，要求各阶段做到精准有效、循序渐进；舞台没有具体道具或其他标志物作为支点，因此我们在排练场用地标将舞台区域清晰地分成6块，帮助演员熟悉调度与走位；排练场的非舞台区域专门划分

演出剧照

出7个空间，让演员下场后回到角色个体做单人练习。这些安排既属于戏剧的创作手段，同时也是有条理的、科学的思维方法与工作方式。

中国美育学科的奠基人之一蔡元培曾经说过："美育之目的，在陶冶活泼、敏锐之性灵，养成高尚纯洁之人格。"采用行之有效的创作手段，不仅可以引导学生形成自己的感知和想象，开启对艺术的思考，逐渐形成对艺术创作的理解，激发个体的艺术感受力及对生活的理解力，还可以使学生有另外一种收获——情感共融、集体协作、彼此学习。学生在人物塑造的过程中开发个体的知觉与感性，在集体的分享与研讨中进一步产生思维的碰撞，领悟到更多的延展意义，进而对舞台传达的意象、人物的情感需要、剧作的主题价值等有更深层次的理解。

比如，演员刘梦玲对于鲁侍萍的人物分析：对于侍萍而言，雷雨是她一生的路途，那些远远的雷声，是她过去做的"错事"，是心有不甘的欲望畅想所埋下的祸根，倾盆大雨是压垮她的所有事情的具象化表现，大雨终至；另外，雷雨也代表了侍萍的情绪，比起蘩漪她或许有对自由和爱情更为抽象和哲学的追求。侍萍的情绪是实打实的，一段错付的爱情，和自身、儿女命运悲戚的顽强控诉，都像雷雨一样充满咆哮的力量。

戏剧是以表演艺术为核心的演出形式，而表演艺术只有在一种永不停顿的艺术灵感的驱动下才能创造出最好的价值。教师带领学生践行表演艺术，不仅在于激活灵感、实现某个角色的塑造，更要注重排演过程中对演员进行全方位的培养，通过"人"学习"人"，通过"角色"增加"修养"，通过"情境"提升"境界"。从这个角度看，"寓教于戏"就是借助阅读、研讨、排演、分享、反馈等美育形式，激发与提升学生的事物判断力、生活观察力、情境理解力、形象思维力、艺术想象力、情感感受力、语言表达力"七力"，以及美感、通感、信念感、效能感"四感"，这既是一种全人培养，更是新时代、跨学科的复合型人才应具备的学养与素质。

Tips 4　　　　　　　第四步，温故知新，领悟发现。

　　"寓教于戏"需要秉持探索与进取的精神、反思与质疑的态度，重视创造性思维的培养，激发创作过程中的领悟与发现。

　　对我而言，每部舞台作品都是演出集体在"创造与深化"过程中的艺术表达，而作为话剧队的指导教师，还应明确学校人才培养的目标与现实需要。我一直在思考和尝试用更贴合校园文化精神、具有家国情怀、富有创造性的方式和理念开展戏剧教育，这也是一种因地制宜的"创造与深化"。近几年的教学实践证明，"寓教于戏"的艺术教育理念对于综合类大学的美育开展大有裨益：一方面，得益于戏剧这门综合艺术的独特魅力，其间涉及的人物、关系、情境、冲突等要义都凝聚于人们对真实生活的感知、体验和思考；另一方面，在这个过程中，学生会提前经历极具挑战性的"情境实验室"的考验，对于学生群体来说，这是难能可贵的锤炼。2013年起，话剧队排演了36部戏剧作品，主创团队对每部作品都严格把关，要求作品体现一定艺术品格、思想情操，具备现实意义。这段时间也证明了话剧队学生拥有较强的综合素质，其在各个领域均有突出的成绩和表现。

　　一部经典作品要经得起时间的检验，一种教育理念的实施同样需要在历史的长河中不断磨砺、梳理与更新。在此，我作为一名践行者与教师，提出对于"寓教于戏"美育理念的几点拓展性思考。

　　第一，"寓教于戏"借用戏剧作品中所包含的寓有理性的高级情感，以形象的概括、自身的认知、深刻的哲思，将情感教育作为切入点，对人的内在心灵进行熏陶感染，使美育过程由情感的生发上升到心灵的启迪。

　　第二，"寓教于戏"同时也是"育教于戏"，戏剧是媒介、教化是方式、思维是目标、育人是根基。这种美育形式的特殊性在于通过艺术作品建构一个情感的审美王国，通过创作实践中的潜移默化，使戏剧成为联结感性与理性、自然与人文、知识与道德、艺术与科学的中介。

　　第三，"寓教于戏"有助于培养富有幸福感、洞察力、表达力、同理心的人格完善的人，力求突破自西方启蒙主义时期开始以智力为培养中心的"泛智型教育"，探索以新的人文精神为主导的"人的教育"。

　　第四，"寓教于戏"是一种立足当代的审美教育，促使学生以和谐、审美的态度面对自然、社会、他人与自身；同时还是一种面向未来的新型通识教育，其贯穿人生教育和终身学习的理念，通过对自然美、社会美、艺术美的探寻和发现，最终使人与内外部环境和谐共生。

　　"寓教于戏"的美育理念，从方式、作用和价值来看，其感染力和创造力是一般的理论教育和学术培养所不具备的，它包含了德育的因素。时任清华大学校长的梅贻琦在1941年《清华学报》上发表了《大学一解》，其中提出对于学生的培养要"周见洽闻""整之人格"，注重"知、情、志"，其目标是人格的提升与心灵的统整，作用于人身心的健康成长与整个社会的和谐发展。

Tips 5　　　　　　戏剧是集多种艺术形式于一体的综合艺术，它的情感贯通古今中西，哲思与内涵丰富而深刻。

　　将戏剧实践作为美育载体，通过师生互动、集体融合的教学模式，激发学生的艺术审美与创作潜质，完善其对于自我的认知。实践证明，基于戏剧创作实践的美育课程，并不是一种简单的"美"与"育"的结合，而是在更高维度的育人导向下，贯彻"三位一体"的育人理念，通过审美体验和艺术实践达成一种精神境界，强调审美境界与人生境界的相辅相成，鼓励真情实感的流露，注重理性的思索，更珍视赤子之心的坚守。以"寓教于戏"为核心的美育理念在方式和观念方面，以其特有的认知、体验、情感、中介的作用促进了人的自我成长、内观教育与全面发展。

# 11.2

# 美育与戏剧　　　皮影角色
# 实践课　　　　　制作技艺

## 我的皮影秀

| | | |
|---|---|---|
| 课　时 | 1~2小时 | |

| | |
|---|---|
| 年　龄 | 5~8岁 |

| | |
|---|---|
| 课程体系 | 感受中国传统文化魅力 |
| | 观察与思考皮影角色的制作过程 |
| | 制作富有创意的皮影角色并与伙伴分享设计思路 |

| | | |
|---|---|---|
| 课程内容 | 认识<br>皮影戏 | 学习皮影戏的历史知识及制作原理 |
| | 欣赏<br>皮影角色 | 认识各种皮影角色，观察制作技艺 |
| | 准备<br>创作材料 | 准备素描纸、铅笔、橡皮、透明PVC膜、针管笔、彩色油性笔、剪刀等 |
| | 创作<br>皮影角色 | 运用图形概括的方式设计角色形象和道具 |
| | 表演<br>皮影戏 | 通过光影变化特征让学生学会用不同的创意方式表达自己的想法 |

# 认识
# 皮影戏

教师引导学生在生活中观察物体光影，并通过光影了解中国皮影戏的设计原理。本课程重点在于让学生制作角色造型并参与皮影戏表演，把绘画与民间戏剧进行结合，寓教于戏。

皮影戏是一种以光源照射人物或动物剪影来表演故事的民间戏剧，因此也被称作"影子戏"或"灯影戏"。皮影师傅表演时一边操纵皮影活动，一边或唱或叙述故事，同时皮影戏还配以打击乐器和弦乐，展现出浓厚的乡土气息，深受当地民众欢迎。皮影戏始于西汉，兴于唐代，盛于清代，元代时期传至西亚和欧洲，所演出的故事题材也十分广泛，有《三国演义》《水浒传》《岳飞传》等历史演义戏，也有《西游记》《封神榜》等民间传说戏，还有《西厢记》《牛郎织女》《白蛇传》等爱情故事戏。

皮影戏《岳飞传》

## 欣赏皮影角色

皮影是皮影戏和皮影戏制品的通称，包括皮影戏所需的人物、场景、道具等，这些都是由民间手工艺人将皮制品刀雕彩绘而成。一个完整的皮影角色制作要经过选皮、制皮、画稿、过稿、镂刻、敷彩、发汗熨平、缀结合成等8道工序，手工雕刻3000多刀。

人物皮影

## 准备创作材料

准备需要用到的材料，包括素描纸、铅笔、橡皮、透明PVC膜、剪刀、针管笔、彩色油性等。

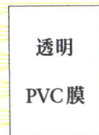

素描纸

透明
PVC膜

## 创作皮影角色

真正的皮影角色的四肢和头部是分别雕刻而成的，之后再用线连接起来，配合5根竹棍进行操纵，如此方能在表演时活动自如、栩栩如生。本课以认识皮影戏和个性化创作为主，步骤会有所简化。

设计人物角色

首先创作出自己喜欢的角色造型，并对角色进行故事内容设计。

然后用铅笔在素描纸上勾勒出造型的轮廓。

接着将透明PVC膜覆盖在素描纸上，使用针管笔勾画角色外形线稿，并根据自己的喜好进行配色。

完成后，把人物造型剪下，用木棍简单做好支撑。

# 表演皮影戏

　　本课程重点在于让学生对中国传统皮影戏文化有一定的学习和了解，从皮影角色的制作过程中感受中国传统文化的多样性。结合情境体验，寓教于戏，让学生爱上绘画和表演，爱上民间艺术。

有趣的皮影戏

　　由于课程针对的学生年龄较小，皮影戏设计的角色会偏儿童化，因此课程的趣味性会特别强。学生只需设计出自己喜爱的造型，给角色设定不同的属性，根据属性编好合适的故事情节并进行演绎。当教师把教室的情境布置好，只剩下演绎皮影戏的小舞台，就可以引导学生入座。教师需把班级学生进行分组，让他们分别体验"小演员"和"小观众"的角色。进行表演的学生可以提前商量好角色剧本，简单沟通后开始表演皮影戏故事。

# 肖薇说

I　　在戏剧中，我们看到自己，看到生活的本真样貌；在戏剧中，我们获得情感教育，得到心灵的熏陶与感染；在戏剧中，我们联结情感与理性，培育德性与知识；在戏剧中，我们成为真正的"人"、幸福的"人"。

II　　　　　　　　　　戏剧首先具有语言之美，它的文字形成了不同的审美意蕴，字里行间所渗透出来的力量是能够感化人的，因此戏剧文本的传播性很广。

III　　戏剧这个艺术形式，和历史的维度、作品的维度、审美的维度等各种形式发生关系，最后回到我们本身。

IV　　　　　　　　　用戏剧的眼睛去重新探索，美育首先是对外在世界的体验能力，然后由感性体验上升到戏剧的理性思考，我们用这样一种镜像的方式去回应我们的生活，会发现什么是美，什么是美的对立面。

V　　用个人的故事去构成作品的力量，远大于那些虚构的、跟演员本身无关的作品的力量，讲出自己的真实故事，加上戏剧性的、艺术化的处理，它的生命力会非常旺盛、强大，令人震惊。

VI　　　　　　　　戏剧教育会把我们主观性的一些能力唤醒，比如观察力、感受力、想象力、联觉能力、感性思维能力等，这是戏剧教育在通识教育中特别重要的一点。

# 鸣谢

特别感谢所有参与本次出版工作的合作伙伴，你们的专业精神和不懈努力是本书能够顺利面世的关键。在此，特别要感谢协作机构：宝贝计画（美育与非遗实践课）、广州树华美术培训中心（美育与戏剧实践课、美育与图像识读实践课）、画啦啦少儿美术（美育与生活实践课、美育与教育思维实践课）、西瓜创客（美育与设计思维实践课）为本书提供了实践篇的课程案例，这些案例极大地丰富了本书的内容，并赋予了理论以实际的生命力，期待未来能有更多的机会与各位伙伴共同创造出更多的优秀作品。